변화를 위해 용기를 전하는 아들러 심리학

우리는 변화를 원한다

박준성 · 소용준 지음

**인간의 가장 놀라운 특성 가운데 하나는
마이너스를 플러스로 바꾸는 변화의 힘,
용기가 있다.**

Alfred Adler

휴먼북스

인간의 가장 놀라운 특성 가운데 하나는

마이너스를 플러스로 바꾸는 변화의 힘, 용기가 있다.

-알프레드 아들러-

지은이의 말

우리는 새로운 자신과 만나기 위해서 희망과 용기를 갖고 진정으로 변하기를 원한다.

『우리는 변화를 원한다』를 처음 쓰려고 시작했을 때 저자들의 고민은 독자께 아들러를 소개하며 용기를 북돋고 변화를 위해서 어떤 메시지를 전해야 할지 고민이 많았습니다. 또한 우리 사회에 진정으로 필요한 메시지가 무엇인지를 고민한 결과, 우리에게 필요한 것은 용기였고, 용기와 함께 중요한 것이 희망이었습니다.

영어에 'impossible'이리는 단어가 있습니다. 이 단어는 '불가능한'이라는 뜻이지만, 조금만 달리 생각해보면 'I'm possible'이라고 할 수도 있을 것입니다. '가능하다.'로 표현할 수 있다는 것입니다.

우리에겐 꿈이 있습니다. 언제나 꿈을 꾸고 살아가고 있습니다. 그리고 오늘보다 나은 내일을 위해서 살아가고 있습니다. 어쩌면 오늘보다 못한 내일이 기다리고 있을 수도 있습니다. 그렇다 하더라도 우리는 오늘보다 못한 내일을 위해 살아가는 것이 아닙니다. 오늘을 산다는 것은 아마도 오늘보다 나은 내일을 기대할 수 있기 때문일 것입니다.

그렇기에 우리는 꿈을 꾸며 살아가야 합니다. 꿈은 오늘보다 나은 내일의 희망을 기대하게 합니다. 그리고 그 꿈을 달성하기 위해서 노력해야 합니다. 꿈은 아직 현실적으로 달성하지 못한 것이기에 우리에게 열등감으로 되돌아옵니다. 이 열등감을 패배적 마인드로 받아들이면 열등감은 말 그대로 열등감으로 남게 됩니다. 그런데 열등감을 도전의 기회로 받아들일 수 있다면 오히려 기회의 장이 될 수 있습니다.

꿈은 허구적인 측면이 많습니다. 꿈이 현실이 되기 위해서는 먼저 그 꿈을 달성할 수 있는지를 확인해야 합니다. 그리고 꿈을 달성하기 위한 목표를 세워야 하고, 그에 맞는 전략을 세워야 합니다. 꿈에 날짜를 붙이면 목표가 됩니다. 그리고 목표를 쪼개면 계획이 되고 그 계획을 실행하면 현실이 될 수 있습니다.

이러한 꿈을 현실로 가져오는 데 여러 어려움이 있다고 생각합니다. 이러한 어려움을 극복하고 변화된 삶을 위해서는 라이프 코칭 전략이 필요합니다. 이를 위해 아들러는 능동적이고 낙관적인 삶을 제안했는데, 자신을 존중하고 꿈과 목표를 통해 한계를 극복해 자신을 타인과 세상에 연결하는 인생양식을 강조했습니다. 질문기법, 단추누르기 기법, 직면하기, as if 기법, 과제 설정하기 기법, 자기포착하기 기법, 역설 기법, 초기기억 기법, 꿈 분석 기법, 격려하기 기법과 같은 아들러의 라이프 코칭 전략을 통해 변화된 삶을 가꾸어갈 수 있다고 생각합니다.

이 책은 아들러가 전하는 희망과 변화에 도전하는 용기에 대한 메시지를 담고 있습니다. 이 책을 통해서 삶의 행복을 재발견하도록 희망과 변화에 도전하는 용기를 북돋도록 도와주기를 기대합니다.

오래전부터 심리학 지식을 교양 심리학으로 대중과 만나는 자리를 마련했으면 좋겠다는 생각이 간절했는데, 그 기회를 마련해 주신 휴먼북스에 감사의 말씀을 전합니다. 또한 이 책을 내는 데 많은 도움을 주신 휴먼북스 임직원께 감사의 말씀을 드립니다.

마지막으로 이 책을 낼 수 있게 지금까지 물심양면으로 키워주시고 가르쳐주신 부모님께 진심으로 감사의 말씀을 드리고, 사랑하는 아내와 가족 모두에게도 감사의 말씀을 드립니다. 아울러 다양한 영역에서 심리학자로 활동할 수 있게 큰 가르침을 주신 여러 교수님과 선후배, 동료에게도 감사의 말씀을 드립니다.

이 책이 우리의 삶에 희망과 변화를 위한 용기를 직접적으로 가져다주지 않을지라도, 희망과 용기를 갖고 살도록 도와줄 수 있는 길이 되기를 바랍니다. 아무쪼록 이 책을 통해 아들러가 전하는 희망과 용기의 메시지를 자신, 타인, 세상과 함께 꿈꾸며 나누고 실천하는 공간의 장이 되기를 희망하는 바입니다.

박준성 · 소용준

차 례

PART VI

어떻게 살아야 할 것인가? … 183

PART Ⅶ

아들러가 전하는 행복을 위한 라이프 코칭 … 227

알프레드 아들러Alfred Adler는 1870년 2월 7일 오스트리아 비엔나의 유태인 가정에서 4남 2녀 중 둘째로 태어났습니다. 아들러는 생의 초기부터 신체적 질병으로 건강상의 심각한 문제를 겪었던 병약한 아이였습니다. 아들러는 프로이트와 함께 인간의 정신에 대해 연구했으나 서로 다른 견해로 결별했다고 합니다. 이후 아들러는 독자적으로 개인심리학을 제안했습니다. 아들러는 신체적 한계와 환경적 제약을 극복하고 스스로 창조적인 삶을 실현한 사람으로서, 그가 주창한 개인심리학의 주요 개념들을 통해서 현대인은 행복한 삶을 살아가는 데 도움을 받을 수 있습니다.

PART I

변화를 원한다면 아들러처럼

변화를 원하는 사람에게 아들러를 소개합니다

아들러는 신체적으로 열악하게 태어났지만
육체의 한계를 극복하고 마침내 정신의학자가 되었습니다.

아들러의 힘들었던 유년시절

알프레드 아들러(1870년 2월 7일~1937년 3월 28일)는 1870년 2월 7일 오스트리아 비엔나의 유대인 가정에서 4남 2녀 중 둘째로 태어났습니다. 아들러는 생의 초기부터 신체적 질병으로 건강상의 심각한 문제를 겪었던 병약한 어린아이였다고 합니다.

어릴 적 구루병으로 네 살 때까지 잘 걷지 못했고, 다섯 살 때쯤에는 폐렴으로 인해 죽을 수도 있다는 의사의 진단을 받기도 했습니다. 심각한 신체적 질병으로 인해 아들러는 크나 큰 충격을 받았지만, 이때의 아픔이 훗날 의사가 되기로 '결심' 하게 된 계기였다고도 합니다.

아들러는 어릴 적 병치레가 잦다 보니 어머니로부터 많은 관심을 받았지만, 동생이 태어나며 어머니의 관심도 아들러에게서 동생으로 옮겨가게 되었습니다. 어머니에게 실망한 아들러는 그 후 어머니와 친밀한 관계를 맺지 못했다고 합니다. 반대로 아들러는 아버지와 좋은 관계를 맺을 수 있었는데, 지그문트라는 형에 관해서 시기와 질투를 했기 때문에 유년 시절과 청소년 시기에 형제간 갈등을 경험하곤 했습니다.

이러한 아들러의 초기 가족 경험이 성인이 된 후 프로이트 Sigmund Freud와 다른 입장을 이론적으로 밝히는 데 영향을 끼쳤고, 이는 프로이트와의 갈등적 관계를 유발하는 원인으로 여겨지고 있습니다.

한계를 극복한 아들러

아들러의 유년기 시절의 특징 중 하나는 여러 형제 안에서 신체적 병약함과 열등감을 극복하기 위해 노력하고 투쟁했다는 것입니다. 아들러 자신은 자신의 형제들이나 친구들에 비해 신체적으로 열등감을 느꼈지만 스스로 신체적 한계를 보상하기 위해서 노력과 투쟁을 했고, 점차적으로 자신의 많은 한계를 하나하나 이겨내고 극복해 낼 수 있었습니다.

아들러는 어린 시절에 공부를 잘하지 못했다고 합니다. 아들러의 담임교사는 아버지를 불러 아들러가 공부보다 구두수선공 수련을 하는 것이 나을 것이라고 조언을 했다고 합니다. 그러나 아들러의 아버지는 교사의 조언을 일축하고 아들러를 격려했고, 그때부터 아들러는 학업을 열심히 하였고 반에서 1등을 하는 쾌거를 이루기도 하였습니다. 그렇게 아들러 자신은 자신에 관한 교사나 주변의 생각이 잘못되었음을 스스로 입증해내기도 했습니다.

아들러는 이러한 아동기 경험을 통해서 자신의 정신의학적 개념인 '개인심리학individual psychology'의 이론을 형성했습니다. 아들러는 자신의 경험을 통해서 이론적으로 인간의 가장 원초적이고 기본적인 동기는 어린 시절에 경험한 최초의 한계이자 부적절감이라고 설명했습니다. 자신의 열등감을 극복하고 우월성 혹은 완전성을 추구해나가는 힘이라고 생각한 것이지요. 이뿐만 아니라 인간은 자신의 생물학적 한계와 환경적 제약을 극복하고 삶을 스스로 선택하고 창조할 수 있는 능력을 지니고 있다고 생각했습니다.

그렇기에 아들러 자신은 신체적 질병에 시달리면서도 의사가 되기로 결심했고, 훗날 성인으로 성장해 의사로 활동하며 신체 결함이 개인의 성격과 자기 이미지에 미치는 영향을 연구하게 된 계기였습니다. 아들러는 신체적 한계와 환경적 제약을 거부하고 변화를 위해서 자신만의 창조적인 삶을 실현한 사람이라고 하겠습니다.

아들러,
프로이트와의 만남

아들러는 프로이트와 달리 개인심리학의 목표를
고유한 개인의 심리적 변화과정으로 소개하고 있습니다.

의사가 되기로 굳게 결심

아들러는 어릴 때 신체적 질병으로 인한 자신의 심각한 건강문제와 그의 동생인 루돌프의 죽음을 계기로 훗날 의사가 되겠다는 굳은 의지와 목표를 강화시켜 나아갔습니다. 아들러가 훌륭한 의사가 되겠다고 결심한 계기는 자신의 신체적 질병으로 인한 심각한 건강문제와 함께 동생의 죽음을 목격한 사건이 있었기 때문이라고 해도 과언이 아닐 것입니다. 아들러는 동생 루돌프가 한 살 때 디프테리아에 걸려 죽어가는 모습을 목격했고, 아들러 자신도 구루병으로 몸이 불편했던 것과 다섯 살 때 폐렴에 걸려 의사에게서 회복이 어렵다는 얘기를 듣게 된 것이 큰 계기가 되어 훗날 어떤 병이든 치료하겠다는 꿈을 갖게 되었고, 의사가 되어야겠다고 결심했다고 합니다.

유년 시절 죽음에 직면한 아들러는 다시는 그런 아픔을 겪고 싶지 않다고 생각했습니다. 가까운 사람의 죽음은 충격으로 남아 자신의 행동을 변화시키거나 인생 계획 전체를 바꾸기도 합니다. 그렇듯, 소중한 이의 죽음은 개인의 성격과 태도에 큰 영향을 미칠 수 있습니다. 아들러 또한 동생의 죽음에 관한 직면이 스스로 의사가 되겠다는 결정에 큰 역할을 했을 것입니다.

아들러는 10살에 학교에 입학했습니다. 처음에는 좋은 성적을 받지 못했는데, 특히 수학에서 더 심했다고 합니다. 그러나 아들러는 아버지의 조언에 힘입어 자신의 한계를 깨닫고 이를 극복하기 위해서 학업에 매진했고, 그 결과 1888년 오스트리아 빈 대학에 당당히 입학했습니다. 그리고 1895년 빈 대학 의학부를 졸업하게 되었죠. 아들러는 유년시절 열등생이었지만, 마침내 의학 학위를 취득하게 된 것입니다.

우리의 모습은 어떤가요? 나약해서 포기하고 좌절하며 스스로를 원망하고 있지 않은가요? 우리 스스로 진정으로 원하는 것을 달성하기 위해서 노력하는 자신의 모습을 발견할 때 진정한 변화가 찾아올 것입니다.

아들러는 대학 때부터 환자 치료에 관심이 있어서 실험이나 진단에는 관심을 덜 가졌다고 합니다. 그 당시 정신과 과목은 필수가 아니었기에 아들러는 정신과의 수련을 받지 않았습니다. 그런 이유로 아들러는 그 당시 프로이트의 신경증neurosis에 관한 강의를 들을 기회가 없었다고 합니다.

그래서 아들러는 1895년에 의사자격증을 획득해 처음에는 안과 의사로 개업했으나 나중에 일반의로 환자를 진료했고, 그 후 아들러는 신경학과 정신의학을 전공하며 정신과 의사로 활동하였습니다.

아들러와 프로이트의 만남과 결별

1902년 아들러는 프로이트로부터 비엔나 정신분석학회의 시초가 된 수요일 저녁모임에 초대받게 되었습니다. 아들러는 초창기에 프로이트의 초대를 받은 의사였습니다. 1907년에 아들러는 그의 유명한 논문인 '기관열등에 관한 연구'를 발표해 프로이트의 지지를 받았고, 아들러는 비엔나 정신분석학회에서 중요한 역할을 수행했습니다. 1910년에는 정신분석학회의 회장을 맡기도 했죠. 그러나 1년 뒤 1911년에 아들러는 프로이트와 학문적 견해가 서로 다름을 알고 결별하게 되었다고 합니다.

아들러는 프로이트와 달리 신경증에 관해서 자신이 제안한 기관열등감 이론을 토대로 설명했기에 프로이트의 리비도libido를 토대의 설명과 충돌했습니다. 결국 서로 다른 견해로 아들러는 비엔나 정신분석학회를 탈퇴하게 되었습니다.

대신 아들러는 1912년 『신경증 체제The Neurotic Constitution』를 발간하며 자신만의 독자적인 이론을 소개했습니다. 아들러는 인간의 행동을 생물학적-외부적-객관적 원인으로 설명하기보다 심리적, 내적, 주관적 원인으로 설명하며 인간의 근본적인 동기를 프로이트가 강조한 성적 추동drive이나 리비도가 아닌 우월성 혹은 완전성 추구로 대체했습니다. 아들러는 프로이트와 달리 개인심리학의 목표를 고유한 개인의 심리적 변화과정으로 소개하고자 노력한 것입니다.

우리는 우리 모두 나름의 고유한 삶의 목표가 있습니다. 그 목표가 짧던 길던 간에 자신만의 고유한 목표가 있습니다. 이 목표를 우월로 혹은 완전함으로 향해 가도록 만들 수만 있다면 우리의 삶은 분명 행복하고 충만해질 것입니다. 이를 위해서 우리에겐 용기가 필요합니다. 왜냐하면 우월이나 완전함은 평탄하거나 쉬운 길이 아니고 힘들고 어려울 수 있기 때문입니다. 그러나 포기하지 말고 도전해야 합니다. 이는 원석의 다이야몬드가 보석이 되는 작업과도 같은 것입니다.

정신분석에서 개인심리학으로 전환

개인심리학에서 말하는 인간은 자신과 자신을 둘러싼 상황을 검토하고 미래를 위해 최선을 다하는 존재입니다.

개인심리학의 5가지 원칙

아들러는 제1차 세계대전에 오스트리아 헝가리 군대의 군의관으로 참전했습니다. 이러한 아들러의 전쟁 경험은 인간 본성에 관한 그의 생각을 형성하는 데 많은 영향을 미쳤다고 합니다. 아들러는 병사들 사이의 연대감을 관찰하며 이 안에서 그들은 자기 가치감을 추구한다고 생각하게 되었습니다. 이러한 생각은 열등감을 보상하고 자신의 능력을 개발하며 사회적 참여를 함으로써 인생의 의미를 추구한다는 개인심리학의 기반이 되었습니다. 비엔나는 전쟁이 끝난 후 그야말로 혼란의 도시였고, 이때부터 아들러는 사회적 활동을 본격적으로 시작하였습니다. 그는 비엔나의 여러 학교에 상담소를 개설해 운영하며 교사와 부모가 함께 참여하는 공개적인 토론모임을 가졌고, 이는 아들러식 심리치료의 공개토론 모델이 되었으며, 공동체 정신건강 프로그램을 발달시키는 기초가 되었습니다.

아들러는 프로이트와 결별한 후에 '개인심리학 학회'를 결성하고 학회지를 만들었는데요. 자신이 깨달은 정신의학적 통찰을 우리 일상에 적용해야겠다는 의지를 갖고 곳곳을 돌아다니며 강연도 했습니다. 특히 아들러는 강연에서 자신의 이론인 개인심리학을 5가지 주요 원리로 설명하고자 했습니다.

첫째는 개인심리학에서 개인과 개인의 생활 방식을 연구하고자 했습니다. 개인에게 있는 욕구, 감정, 문화적 경험 등 사람에게서 관찰할 수 있는 공통점을 개인의 내적 속성, 생활양식, 삶의 가치관에 속해 있는 것으로 이해하고자 했습니다.

둘째, 개인을 유기체이면서 통일된 전체로 설명했습니다. 이때 개인은 다양한 동기나 욕구에 의해서 결정되는 것이 아니라 하나의 역동적인 힘에 의해서 결정되는데, 이 하나의 힘을 하나의 동기로 볼 수 있습니다. 이 힘은 삶 자체의 원동력이자 발전과 전진의 원천이며 계속해 나가려는 노력으로도 볼 수 있습니다. 오늘날 자기실현, 능력, 역량, 자기 확장 등의 개념이 여기에 해당합니다.

셋째, 개인은 자신과 자신을 둘러싼 상황을 검토하고 미래를 위해 최선을 기울일 수 있는 존재라고 설명했습니다. 스스로 정한 전체 목표와 우월성, 성공을 어떻게 규정하느냐에 따라서 개인의 독특함과 방향성을 알 수 있다는 뜻입니다. 목표를 설정할 때 객관적인 사실을 고려해 반영하게 되지만, 결국 목표를 수립하는 것은 개인의 독특함, 창의성, 주관성이 반영되어 있다는 것입니다.

넷째, 개인을 둘러싸고 있는 큰 맥락을 이해하고자 했습니다. 개인을 이해하는 데 사회적 맥락을 배제할 수는 없습니다. 우리가 사는 사회는 상당 부분 사회적 산물이고, 언어 또한 사회적 관계 형성의 중요한 역할을 하고 있습니다. 그렇기에 개인심리학에서는 사람과 사람 사이의 상호작용을 중요하게 다루고 있습니다.

다섯째, 개인은 사회 속에 존재하기 때문에 사회적 관심social interest을 가져야 합니다. 우리는 타인과 함께 살아가는 공동체에 관한 관심을 가져야 하는데 이를 공동체 감성이라고 합니다. 이 감성은 이타적 동기로, 아들러의 개인심리학이 건강한 정신건강을 다루는 밑거름이 되는 개념이자 관점입니다.

개인심리학의 영역

개인심리학에서 '개인'은 성별, 가족에서의 위치, 부모의 양육방식, 신체적인 결함, 외양 등에 의해서 영향을 받는 영역입니다. 그러나 프로이트의 정신분석과 달리 그 영향이 절대적이며 궁극적이라고 말하지는 않습니다. 아들러는 개인이 성장하며 경험하는 다양한 사건이나 상황을 그 개인의 특성에 의해서 어떻게 받아들여지고 해석되는지가 중요하다고 설명했습니다.

개인심리학의 주요 개념을 나열해서 그 이름을 살펴보는 것만으로도 개인심리학에 관해서 좀 더 잘 알 수 있습니다. 크게 기본개념, 가족구조, 출생순위, 인생과제, 가상적 목적, 직업, 사랑, 결혼, 그리고 개인심리학 원리를 응용한 기법으로 나누어볼 수 있습니다.

기본개념에는 전체주의, 목적론, 최종목표, 창조적 자기, 유연한 결정론, 현상학, 사회적 장, 우월성 추구, 사회적 관심이 있습니다. 그리고 가족구조와 출생순위 범위에는 출생순위, 열등감, 우월감 등이 포함되어 있습니다.

인생과제에는 영성, 자기지향, 일, 여가, 우정, 사랑, 생활양식 등이 있습니다. 가상적 목적 범위에는 꿈과 현실, 그 둘의 관계가 포함됩니다. 직업과 관련해서는 인연과 인류공헌이 있고, 사랑과 결혼 관련해서는 협력과 평등 등을 이야기해볼 수 있습니다. 마지막으로 개인심리학 원리를 응용한 코칭기법에는 질문 기법, 단추누르기 기법, 스프에 침 뱉기 기법, as if 기법, 과제 설정하기 기법, 자기포착하기 기법, 역설 기법, 초기기억 기법, 꿈 분석 기법, 격려하기 기법이 있습니다. 앞으로 아들러의 이러한 개념에 관해 소개할 것입니다.

개인은 자신과 자신을 둘러싼 상황을 검토하고, 미래지향적으로 변화를 위해 최선을 다하는 존재입니다.

우리는 혼자가 절대로 아닙니다. 아들러는 개인이 사회적 맥락 안에서 발달하며 생활한다고 설명했습니다. 개인은 사람들 사이에 살아가기에 나를 타인과 비교하며 자신을 파악하고자 합니다. 자신을 알기 위해서는 타인이 자신을 어떻게 보는지도 중요합니다. 나 역시 자신에게 중요한 타인이 누구인지도 알아야 합니다. 더욱 중요한 것은 스스로가 나에 관해서 진정으로 알고자 하는 욕구가 있는지 파악해야 한다는 것입니다. 진정한 자신을 알고자 하는 욕구를 확인하는 것, 그것이 바로 행복한 삶의 출발점이 됩니다.

PART Ⅱ

나 자신을 사랑하고 존중하는 것이 먼저

있는 그대로의 자신과 만나는 순간

한 개인이 일상에서 자기 자신을 찾을 수 있다면
그는 있는 그대로의 자신을 만날 것입니다.

개인을 이해하기 위한 방법

아들러는 사회적 장field 이론에서 개인은 사회적 맥락social context에서 발달하며 생활한다고 설명했습니다. 그러나 한 개인에게 일어나는 소수의 문제는 개인의 영역에서 일어날 수도 있겠지만, 대부분의 문제는 사회적 맥락에서 일어나고 있습니다. 왜냐하면 우리는 우리가 사는 사회적 장면에서 여러 사람과 다양한 관계를 맺으며 살고 있기 때문입니다. 아들러는 그 사람의 생각이 어떠한지를 파악하기 위해서는 그 자신과 그 주변에 있는 사람과 맺어진 대인

관계를 파악하면 알 수 있다고 합니다. 즉 한 개인을 파악하기 위해서는 그 사람뿐만 아니라 그 사람이 맺고 있는 대인관계를 사회적 장이라는 관점에서 이해해야 그의 행위를 제대로 파악할 수 있다는 뜻입니다.

다만 아들러는 사람을 이해하는 과정에서 개인을 사회적으로 분류하고 낙인찍을 수 있기에 이러한 파악을 조심스럽게 해야 한다고 설명했습니다. 예를 들어 특정 개인의 사례에 관해 우울증에 걸린 사람으로 분류하고 그를 알아간다면, 사전에 한 개인에 관한 충분한 탐색의 기회를 박탈하는 것과 마찬가지가 될 것입니다.

인본주의 심리학의 대표적인 학자인 로저스Carl Rogers는 개인을 이해할 때 충분한 탐색의 기회를 가져야 한다고 강조했습니다. 로저스는 인간중심적 심리치료Person-Centered Therapy, PCT를 역설하고 심리검사를 사용하기보다는 그 사람의 이야기를 충분히 들을 것을 권했습니다. 그 사람의 이야기를 충분히 듣지 않고, 심리검사 결과에 의존하게 되면 개인을 탐색할 충분한 기회를 잃기에 십상입니다.

앞의 예시를 역으로 생각해보면 타인이 나를 어떻게 볼지를 생각해보게 됩니다. 타인이 나에 관해서 색안경을 끼고 보고 있다면 나의 진정한 모습을 발견하지 못할 것이고, 나의 문제점만 계속해서 보기 때문에 대인관계의 변화가 일어나기 쉽지 않을 것입니다.

거울에 비친 내 모습

스스로를 이해하기 위해서는 거울에 비친 자신의 모습을 보면 됩니다. 그러나 단순히 거울에 비친 모습만 보고서 자신을 이해하는 것은 어렵습니다. 왜냐하면 거울에 비친 자신의 모습은 단편적인 부분이기 때문입니다.

한 개인이 자신을 알아가기 위해서는 거울에 비친 자신의 모습을 잘 알아야 하는데 여기에는 심리학적인 의미가 내포되어 있습니다. 나에게 중요한 타인이 누구인지를 잘 알고 있어야 한다는 뜻입니다. 중요한 타인을 모델 삼아 따라야 한다는 의미가 담겨 있는데요. 자기 자신을 형성하면서 경험하는 것 중 하나가 타인을 따라 하는 것이기 때문입니다.

그렇다고 해서 중요한 타인이 본연의 자신으로 완전히 녹아 들어가는 것을 뜻하는 것은 아닙니다. 단지 따라 하면서 자신의 행위가 무엇인지 알게 되는 것을 말합니다. 그래서 자신에게 있어 중요한 타인이 누구인지 명확히 알고 있어야 합니다. 내가 누구에게 더 많은 영향을 받았는지 알고 있어야만 자신이 누구인지 답을 하는 데 그 근거를 찾을 수 있기 때문입니다.

결국 나 자신을 알기 위해서는 타인이 나를 어떻게 보는지도 중요하고, 자신에게 있어서 중요한 타인이 누구인지 아는 것도 중요합니다. 그러나 무엇보다도 스스로가 자신에 관해서 진정으로 알고자 하는 욕구가 있는지가 중요합니다.

진정으로 자신을 알고자 하는 욕구는 외국으로 입양된 사람이 고국을 찾아가는 사례를 통해 생각해볼 수 있습니다. 입양된 아이가 성인이 되어 자신을 낳아준 부모를 찾아 고국으로 돌아오는 이야기들을 매체를 통해 들은 적이 있을 것입니다. 2017년에 개봉한 영화 〈라이언〉은 이러한 실제 사례를 바탕으로 하고 있습니다. 인도에서 호주로 입양된 아이가 길러준 부모의 정성과 기대에 부응해 성인이 되었지만 어린 시절 자신의 고향을 떠올리고 25년 만에 구글어스로 다시 찾아간다는 것이 이 영화의 내용입니다. 입양되어 간 가족에서 부족함 없이 자랐지만, 결국 자신의 뿌리를 찾아가는 것이 진정한 자신을 찾아가는 길이라는 것을 보여주고 있습니다. 진정한 자신을 찾는 것이 삶에서 얼마나 중요한지를 잘 보여주고 있는 예라고 생각합니다.

인간은 태어나서 죽음에 이르기까지 일반적으로 꽤 긴 시간을 보내며 살아갑니다. 이 시간에서 자신을 스스로 만날 기회는 꽤 많다고 생각합니다. 정말 행복했을 때, 너무 힘들고 좌절했을 때 등 여러 사건과 상황을 돌이켜보면서 나 자신을 이해하고 알아간다면 자기 자신을 만날 수 있을 것입니다.

이때마다 자신에 관해 파악하는 것으로 끝나면 안 됩니다. 더 나아가 일상에서 진정한 자신을 찾아야 합니다. 그래야 내가 누구인지, 무엇을 하고 싶은지, 어떻게 해야 하는지를 답할 수 있고, 특정 사건이나 상황에 잘 대처할 수 있는 나 자신을 발견하며, 있는 그대로의 내 모습을 만날 수 있습니다.

나는 남보다 꽤 괜찮다

나 자신이 남보다 충분히 우월해지기를 바란다면
자신만의 강점을 찾아 확인하고 그 강점을 빛내야 합니다.

나와 타인과의 구분

아들러는 인간의 본질에 우월해지고 싶은 욕구를 우월성이라고 하며, 이 우월성은 누구나 공통적으로 가지는 인간의 기본 동기라고 생각했습니다. 또한 우월에 관한 추구는 모든 사람이 지닌 선천적인 잠재력이며 인생의 본질적인 요소라고 설명했습니다. 우월성의 추구는 열등감을 극복하는 것만이 아니라 적극적으로 자신의 잠재력을 확인하고 이것을 충족시켜 완성을 지향하는 것입니다.

한 개인은 자신의 진정한 모습을 갖고 살 수 있습니다. 이를 위해서 아들러는 스스로를 타인과 비교하지 않고, 온전히 자신에게 초점을 맞춰서 우월성을 추구하면 가능하다고 설명했습니다. 자신을 아는 방법으로 아들러는 '과제의 분리'라는 개념으로 나와 타인을 구분할 수 있다고 설명했습니다. 이는 자신이 아닌 누군가의 기대를 만족시키기 위해 살지 말아야 한다는 뜻이 포함되어 있습니다.

자신과 타인이 삶에서 지나치게 겹쳐져 있어서 자신이 누구인지 혹은 타인이 나인지 분간이 안 된다면 진정한 자신을 찾기란 현실적으로 어려운 일이 될 것입니다. 그렇기에 자신을 알기 위해서는 나와 타인을 구분할 수 있어야 합니다.

나와 타인을 구분하는 것의 중요성은 자기인식의 발달과 관련지어 예를 들 수 있습니다. 자기인식의 발달은 매우 어린 영아가 다른 대상과 실체로서의 자신을 구분하고 인식하는 것에서부터 시작합니다. 나 자신을 타인과 구분할 수 있다는 것은 고유한 자기개념의 확립으로 연결되며 자기존중감이 발달하는 계기가 됩니다.

또한 "자신을 바꿀 수 있는 사람은 나밖에 없다."는 인식으로 나와 타인과의 경계를 구분할 수 있어야 합니다. 자신에 관해 어떠한 생각과 감정이 있는지 스스로 확인해갈 때 변할 수 있는 것과 변할 수 없는 것을 구분해야 합니다. 그 다음 변할 수 있는 것에 주목해 바꿀 수 있도록 나아가는 것이 우월성을 추구하는 첫걸음이 될 것입니다.

빛나는 나의 강점

아들러는 모든 사람이 우월을 추구할 수 있다고 설명했습니다. 우월성 추구striving for superiority는 모든 살아 있는 유기체organism의 유일하고 기본적인 원동력입니다. 최종적으로 가상적 목적fictional finalism은 우월성을 추구하는 방향과 사회적 관심의 정도에 따라 설정하게 됩니다.

예를 들어 음악에 관한 사회적 관심은 그의 방향을 음악으로 향하게 할 것입니다. 그 방향은 음악에 관한 역사, 지식, 경험 등을 쌓게 할 것이고, 자신의 음악적 우월성을 토대로 음악 분야에 이바지할 것입니다. 또 다른 예로 타인의 복지에 많은 관심을 갖고 있다면, 그 개인은 복지와 관련된 분야로 우월성을 추구해갈 것입니다. 그 방향은 돌봄, 동정, 사회적 협력, 공공의 복지에 기여하는 것 등으로 발현될 것이고, 자신의 우월성을 토대로 사회복지 분야에 이바지할 것입니다.

이를 위해서는 자신이 갖고 있는 강점이 무엇인지 알아야 합니다. 한 개인이 갖고 태어난 유전과 주어진 환경 안에서 능동적으로 자신의 강점을 찾아야 하는 것이죠. 자신의 강점을 찾아야 우리의 인생에서 진정으로 원하는 나 자신의 모습으로 중요한 목표를 세울 수 있습니다

인생에서 해결해야 할 과제 중 하나가 자신의 일을 찾는 것입니다. 강점 찾기는 진로, 적성 탐색과 연관지어 생각해볼 수 있습니다. 우리 사회에서 청소년들은 소위 좋은 대학에 입학하기 위한 교육에만 내몰려서 자신의 강점을 찾을 기회와 시간이 많지 않습니다. 그러나 대학 전공은 자신의 적성을 고려해 결정해야 하고, 자신의 적성과 전공이 일치할 때 이후의 진로 선택도 원활해 질것입니다.

능동적으로 찾은 자신의 강점strength은 빛납니다. 이 강점이야말로 진정한 자신을 빛낼 수 있는 힘이 됩니다. 간혹 자신의 강점을 제대로 찾지 못해서 분주한 시간을 보내는 경우를 주변에서 목격할 수 있습니다. 한 개인의 유년 시절이나 청소년 시절에는 당연히 자신의 강점을 찾기 위해서 분주할 수 있지만, 성인이 되어서도 자신의 강점이 무엇인지 잘 몰라서 여

전히 분주하게 찾고 있는 경우를 보게 되는데요. 안타깝기도 하지만, 그렇다고 해서 그들에 관해 늦었다고 단정 지어서는 안 됩니다. 왜냐하면 우리의 인생은 그 어느 때보다 '지금-여기here and now'에서 자신을 찾고 확인하는 것이 중요하기 때문입니다.

좀 더 빨리 자신의 강점을 찾을 수 있다면 자신이 하고자 하는 일에 한걸음 가까이 다가갈 수 있겠지만, 현재 이러한 강점을 아직 찾지 못했을지라도 '지금-여기'에서 주저하지 말고 용기내어 찾을 수 있다면 자신의 강점을 충분히 빛낼 수 있습니다.

일상에서 출생순위

첫째 아이, 둘째 아이, 중간 아이, 막내, 독자로 구분되는 개인의 출생순위는 성격 형성에 중요한 영향을 미치고 있습니다.

태어났더니 나더라

"너 첫째지?", "쟤는 막내야?" 이러한 말을 일상생활에서 종종 하기도 하고 쉽게 들어도 봤을 것입니다. 예를 들어 한사람이 일할 때 책임감을 갖고 열심히 일하면 그 사람에게 첫째냐고 묻기도 하고, 자기중심적이며 철이 없는 사람에게는 막내냐고 묻는 경우가 있습니다. 이렇게 사람들은 종종 타인의 성격을 파악하고자 할 때 출생순위를 언급하기도 합니다.

사람들은 출생순위birth order에 관한 생각을 나름대로 갖고 있습니다. 주로 외동은 부정적 측면의 성격특성으로 인식되어 있어, 실제로 주변에서 "너 외동이지?"라는 말에 반감을 갖는 사람도 볼 수 있습니다. 이처럼 출생순위별 성격특성에 관해 자세히 알진 못해도 일상에서 생소한 개념은 아닐 것입니다.

물론 모든 사람의 성격을 출생순위별 성격특성으로 구분하거나 출생순위별 성격으로 설명하기는 어렵습니다. 또한 우리는 출생순위별 성격특성으로 누군가의 성격을 얘기하는 것이 적절치 않을 수 있다는 것을 알고 있어도 자신도 모르게 친구나 주변 사람과 얘기하다 보면 출생순위별 성격특성을 얘기하곤 합니다. 왜냐하면 출생순위별 성격특성은 타인과의 관계에서 종종 목격될 수 있기 때문입니다.

아들러는 출생순위를 중요하게 여기고 이에 관해서 설명했습니다. 아들러는 한 개인을 사회적인 관점에서 보기 때문에 가족 관계를 중시했습니다. 그중에서도 가족 내에서 독특한 생활양식을 형성하는 개인의 출생순위가 성격 형성에 중요한 영향을 미친다고 설명했습니다. 첫째 아이, 둘째 아이, 중간 아이, 막내, 독자로 구분했는데, 아들러는 출생순위 자체보다는 출생순위로 발생하는 상황에 관한 인식이 중요하다고 설명했습니다. 일반적으로 특정한 출생순위에 태어난 아이들은 그에 맞는 일반적인 특징들을 가지고 있기 때문입니다.

태어났더니 둘째더라

아들러는 둘째로 태어나, 출생순위와 관련해서 부모가 자녀에 관해 첫째 아이, 둘째 아이, 중간 아이, 막내, 독자에게 다른 태도를 보인다는 사실과 함께 출생순위에 따라 자녀의 행위 또한 다를 수 있음을 스스로 경험했습니다. 출생순위에 따라서 다른 행위를 보인다는 것은 인생의 과제를 수행함에 있어 다른 접근을 해야 한다는 뜻입니다. 출생순위와 관련해 그들의 성격특징을 보면 다음과 같습니다.

태어났더니 첫째 아이는 태어나면서 부모의 사랑과 관심을 독차지하며 동생이 태어나기 전까지 무풍지대에서 사는데, 둘째가 태어나면서 둘째에게 부모의 사랑을 빼앗기고 그 사랑을 되찾고자 노력하지만, 실패를 경험하곤 합니다. 이 때문에 대부분의 첫째는 부모의 애정이나 인정에 초연해지는 경우가 많습니다. 뿐만 아니라 부모의 보호에서 벗어나 독립적이고자 노력하고, 부모가 아닌 다른 타인과 좋은 관계를 맺기 위해 노력하며 그들과 좋은 관계 안에서 사회적 책임을 다하고자 노력합니다.

태어났더니 둘째 아이는 태어나면서 주목의 대상이 아닙니다. 이미 경쟁자가 있기 때문이죠. 손위의 형제가 있기에 그를 능가하기 위해서 경쟁적으로 생활양식을 형성합니다. 그러다 보니 특히 야망이 강해 보이고, 도전감과 적응력 또한 뛰어납니다. 태어났더니 중간인 아이는 형제 사이에 있다는 점에서 불공평함과 압박감을 느끼곤 합니다. 그러나 형제 간에 갈등이 발생하는 경우 중간에서 조정자 역할을 하기도 하는데요. 이 기술을 활용해 자신이 원하는 것을 얻기 위해 상황을 조정하거나 성공 기능한 분야를 선택합니다.

태어났더니 막내는 손위 형제로부터의 관심과 사랑을 한 몸에 받기 때문에 의존적이거나 버릇이 없습니다. 막내이기 때문에 귀염둥이의 역할을 맡기도 합니다. 막내여서 관심과 사랑을 독차지하기도 하지만 반대로 아예 관심 밖이 될 수도 있습니다. 손위 형제를 모델 삼아 큰 성취를 이루기도 합니다.

태어났더니 독자는 경쟁할 형제가 없으므로 의존심과 자기중심성이 강하게 나타납니다. 협동이 익숙하지 않고 사회화가 잘 이루어지지 않는 게 특징이지만, 혼자 지내는 시간이 다른 아이들보다 많기에 다양하고 풍부한 상상력을 발달시킬 수도 있습니다.

혼자가 아닌 우리

타인에 관한 관심은 공동체와 거기에 사는 사람들의
복지적 관점을 포함하고 있기에 소속감을 갖고 살아갑니다.

사회적 관심

아들러는 사회적 관심socialinterest을 사회적 상황에 걸맞게 반응하려는 성향으로 설명했고, 이를 통해 공동체와 문화, 그리고 사회적 의미를 설명했습니다. 아들러는 이러한 사회적 관심에 관한 설명을 프로이트나 융Carl Jung보다 더 중요하게 생각했습니다.

사회적 관심의 일부는 타인 지향적인데요. 이는 타인에 관한 관심과 배려로 공동체와 문화를 위하고 있다는 뜻입니다. 즉 사회적으로 유용한 사람이 되고자 하는 바람을 담고 있고,

구체적으로는 타인과 공동체에 관한 관심, 특히 공동체와 그 안에서 사는 사람들의 복리를 포함하고 있습니다.

아들러는 사회적 관심을 개발함으로써 이상적인 사회를 실현하고자 했습니다. 아들러는 인간의 삶이란 동료에게 관심을 갖고 커다란 전체의 일부가 되는 것이며 인류 복리를 위해서 기여하는 것이라고 설명했습니다.

사람들은 소속감sense of belonging을 갖기 원하는 욕구가 있는데요. 아들러는 소속감을 자신의 공동체 안에서 적극적으로 지니고 있어야 한다고 설명했습니다. 그래야 공존할 수 있습니다. 즉 내가 세상의 중심이 아니라 나는 공동체의 일원이자 전체 중 일부라는 것을 알고, 적극적으로 타인과의 관계를 맺으면서 공동체 감각을 길러야 한다는 뜻입니다. 게다가 공동체 감각을 기르는 과정에서 소속감을 획득할 수도 있습니다.

소속감을 무시하고 자신 외에 타인에게 관심을 덜 갖거나 관심이 아예 없는 경우를 보면 가족, 친구, 동료를 잃게 되고, 주변과 동떨어져 공동체 안에서 고독과 고립감을 경험하곤 합니다. 이는 인간의 이기적인 속성 때문입니다.

부모와의 관계

아들러는 사회적 관심을 향상시키는 데 우선적으로 어머니의 역할과 교육의 중요성을 강조했습니다. 자녀로 하여금 타인과 이웃, 그리고 더 광범위한 사회에 관해 관심을 갖게 하고 공동체감을 발달시키는 데 어머니의 역할이 중요하다고 설명했습니다. 뿐만 아니라 아버지의 역할도 중요합니다. 부모는 자녀에게 모델링이 되어야 하고, 자녀에게 지속적인 교육을 제공해야 합니다. 즉 부모는 자녀에게 건강한 대인관계를 보여주고 가르쳐줄 수 있어야 한다는 뜻입니다.

현대사회에서는 핵가족의 구조로 부모의 과잉보호가 문제가 되는 경우가 종종 있습니다. 부모의 지나친 과잉보호는 자녀를 이기적이고 의존적으로 커가게 합니다. 이에 관해 아들러는 '응석받이'로 설명했습니다.

자녀가 성장해서 대학에 입학하거나 사회초년생이 되었는데도 자녀 주변을 맴돌면서 온갖 일에 참견하는 부모가 있습니다. 자녀가 어릴 때부터 과잉보호하던 부모는 자녀가 대학생이 된 후에도 수강신청과 학점관리 등에 직접 관여하고, 사회에 진출한 후에도 직장생활에까지 깊이 관여하는 경우도 볼 수 있습니다.

이처럼 과잉보호를 받은 응석받이는 결국 주변과 동떨어져 공동체 안에서 고독이나 고립감을 경험하게 됩니다. 왜냐하면 독자적인 사고나 스스로 어떤 일을 해낼 기회가 없었기 때문입니다. 자신의 능력을 발휘하기보다는 부모로 인해 의존적인 사람으로 키워지는 것이죠. 따라서 아동이 독립적이 되도록 양육하는 것과 동시에 응석받이로 자라지 않게 하는 것이 중요합니다.

아들러는 아동 교육의 목표를 아동이 적응력과 낙천적인 사고를 갖게 하는 데 있다고 설명했습니다. 결국 용기와 자신감을 갖도록 하고, 사회적 관심을 개발할 수 있도록 도와 타인과 협력적이고 긍정적인 관계를 맺어 사회에 기여하는 사람이 되게 하는 것이 중요합니다.

지금-
여기에서의 세상

우리가 사는 세계는 현실과 동떨어진 세계가 아닌
자기 자신이 의미를 부여하며 사는 주관적인 세계입니다.

나 자신을 스스로 알아차릴 수 있는가?

아들러는 현상학phenomenology에 대해 개인이 세계를 객관적으로 보는 게 아니라 주관적으로 인식하는 것이라고 설명했습니다. 사람의 행위가 자신의 생각에 비롯되어 발현된다고 믿는다는 뜻입니다. 왜냐하면 우리의 의식은 객관적인objective 사실이 아니라 그 사실에 관해 해석하는 주관적subjective 해석이기 때문입니다.

인간이 자신을 알아가는 과정에서 어렵고 힘든 부분이 "나는 누구인가?"에 관한 답을 하는 것입니다. 이 질문에 관한 답을 할 때 여러 측면에서 설명해야 합니다.

우선 객관적으로 나 자신에 관해 답해야 합니다. 우리는 감각적 경험을 통해서 자신을 이해할 수 있습니다. 그 예로 신체적인 측면을 들 수 있습니다. 나 자신이 신체적으로 어떠한지를 설명할 수 있는데, 자신을 소개할 때 키와 몸무게, 신체의 자신 있는 부분과 건강상 허약한 부분 등을 말하는 것이 여기에 해당합니다.

둘째로 정신적이고 심리적인 측면을 들 수 있습니다. 예를 들어 자신을 소개할 때 외향적이면서 활달하고 타인과 쉽게 친해질 수 있는 친화력을 가지고 있다고 말하는 것이 여기에 해당합니다. 그리고 자신이 선호하는 일과 그렇지 않는 일, 좋아하는 음식과 옷 스타일, 자신과 잘 맞는 사람 유형 등에 관해서 말하는 것이 여기에 해당합니다.

셋째로 사회적인 측면입니다. 사회적으로 어떤 활동을 하고 있고 어떤 사회에서 사는지를 예로 설명할 수 있습니다. 자신을 소개할 때 쉽게 생각해볼 수 있는 가족 소개, 친한 친구와 직장 동료 등에 관해서 말하는 것이 여기에 해당합니다.

이처럼 한 개인이 자신을 이해하기 위해서 자신에 관해 여러 측면에서 설명을 할 수 있다는 것은 자신을 충분히 알아차릴 수 있음을 뜻합니다. 이 과정을 통해서 한 개인은 자신의 지각, 목표활동을 능동적으로 계획하고 추진해갑니다. 아들러의 발달 개념을 보면 한 개인의 연속적이고 지속적인 발달 과정을 설명했습니다. 이는 개인이 꾸준히 멈추지 않고 발달하고 성장해가는 과정이 중요함을 뜻합니다. 신체적인 발달과 성장에 국한지어 생각해보면 20대 중반까지 성장하고 그 이후에는 고정된 것이라고 생각하기 쉬운데요.

그러나 변화라는 측면에서 사람은 전생애에 걸쳐서 발달한다고 할 수 있습니다. 심리적인 측면과 사회적인 측면으로 확장해서 생각해보면 사람은 전생애에 걸쳐서 연속적이고 지속적으로 발달하고 성장해가는 과정임을 쉽게 알 수 있습니다. 전생애 어느 시점이든 자신의 미래 그리고 새로운 인생을 위해서 우리는 목표를 설정하고 실천하고 해야 합니다. 금요일까지 일을 하고, 주말에는 미래를 위해서 공부를 멈추지 않는 사람의 예가 여기에 해당한다고 하겠습니다.

우리의 생각은 어디에 있는가?

아들러의 현상학은 인간이 세계를 객관적으로 보는 것이 아니라 주관적으로 인식한다는 뜻입니다. 이에 대해 인간의 감각과 지각에 관한 시스템으로 설명할 수 있습니다. "보고 싶은 것만 보고, 듣고 싶은 것만 듣는다.", "보고도 못 본 척한다.", "듣고도 못 들은 척한다."의 설명이 가능한지 살펴보면 심리학적으로 설명 가능한데요. 앞서 소개했듯이 인간은 세계를 객관적으로 보는 것이 아니라 주관적으로 인식하기 때문입니다.

이에 관해 심리학적 개념을 소개하면 '변화맹change blindness'이 있습니다. 한 장면에 다양한 사람이 지나다님에도 불구하고 이를 못 보고 지나치게 되는 경우를 뜻하는데요. 그 결과 인간은 자신의 주관적인 시각을 통해서 세계를 바라보고 이해하며 인식하고 있음을 알 수 있습니다.

그러다 보니 예외적으로 개인의 주관적인 인식이 타인과 달리 너무 독특하거나 이상해져서 오류가 발생하는 경우도 있습니다. 그렇기에 자신을 잘 이해하며 규정할 수도 있고 반대로 자신에 관한 왜곡된 인식을 가질 수도 있음이 가능해집니다.

여기서 중요한 점은 이 과정에서 왜곡된 인식으로 자신을 규정하다 보면 타인과 동떨어지게 된다는 것입니다. 동떨어져 있다는 것은 사회적 교류가 어렵다는 뜻이므로 자신에 관한 이해를 주관적으로 규정하되 사회적 교류 안에서 자신을 규정해야 합니다.

꿈은 우리에게 있어 누구나 가져야 할 사명과 같은 것입니다. 꿈은 현실의 문제를 해결하기 위한 과정이며 개인이 용기를 낼 수 있는 밑거름이 됩니다. 이를 위해서 우리는 자신의 삶의 한계를 제대로 이해하고 이상과 현실 사이의 간격을 정확히 알고 있어야 합니다. 미래지향적인 꿈은 우리를 만족스러운 삶으로 이끌어 갑니다. 꿈은 인생의 지향점 같은 역할을 하며 행복을 찾아가게 하는 길잡이 입니다.

PART Ⅲ

꿈과 목표가 우리 삶에 방향성을 제공한다

꿈을 통해
기대하는 것?

꿈은 개인의 행동을 이끌어내는 가치관의 시작이자
사고의 과정을 결정하는 중요한 요소입니다.

미래를 위해 이 순간을 산다.

꿈dream을 갖는 것은 비단 아동, 청소년, 청년만의 과제가 아닙니다. 사람이라면 누구나 가져야 할 사명과도 같은 것입니다. 누가 알아주지 않더라도 자신의 마음을 설레게 만드는 작은 꿈, 그 누구라도 듣고 고개를 끄덕이며 인정해 줄 수 있는 원대한 꿈, 어떤 꿈이라도 꿈을 지니고 있다는 것은 우리가 삶을 살아가는 데 매 순간 소중한 동기부여를 해주기 때문입니다.

아들러는 인간이란 현재를 바탕으로 미래지향적 삶의 목적을 향해 나아가는 존재라고 설명했습니다. 즉 사람은 과거의 경험에 안주하기보다는 미래에 관한 기대에 의해 유지되는 현재를 중요시한다는 뜻입니다.

한 개인의 모든 심리현상은 가상적으로 정한 최종목적을 이해함으로써 설명할 수 있는데요. 가상적 목적을 통해 우리는 앞으로의 행동의 방향을 창의적으로 결정하고 주어진 상황을 어떻게 해석할지를 정합니다. 가상적 목적은 꿈을 말하고 있습니다. 여기에는 자면서 꾸는 꿈과 상상 속의 꿈도 포함되어 있습니다.

아들러의 개인심리학에서는 최근의 꿈과 되풀이되는 꿈, 그리고 아동기의 꾸었던 꿈까지 관심을 갖고 있는데요. 꿈을 다가올 미래에 관한 행위의 시연rehearsal으로 보고 있습니다. 개인에게 있어 목적적이고 독특한 꿈을 해석하기 위해서는 먼저 그 꿈의 당사자를 이해하는 것이 선행되어야 합니다.

사람을 움직이는 힘, 꿈

우리에게는 꿈이 있어야 합니다.

지금 눈앞에 닥친 문제를 해결하기도 힘든 사람에게 꿈을 강요해서는 안 되는 것일지도 모릅니다. 그러나 꿈이 없는 삶은 인간다움을 포기하는 것과 같은 것입니다. 꿈을 갖는다는 것은 자신이 달성하고자 하는, 즉 단순히 앞으로 되고 싶은 이상적인 모습을 정하는 것 이상의 역할을 합니다. 꿈은 개인의 행동을 이끌어내는 가치관의 시작이자 사고의 과정을 결정하는 중요한 요소입니다.

아직 경험하지 못한 미지의 상황에 처했을 때 즉각적으로 상황에 대처할 수 있는 준비와 힘은 가치관과 사고체계에서 나온다는 것을 기억해야 합니다. 그렇듯 구체적인 꿈이 있다는 것은 그 개인의 삶에 중요한 요소가 될 것입니다. 그 꿈이 허구일지라도 꿈은 긍정적인 속성을 갖는 생각들이나 이상ideal, 가상의 목표를 포함하고 있습니다. 그렇기에 아들러는 개인의 모든 심리현상은 그 사람의 가상적 목표를 이해함으로써 파악할 수 있다고 생각했습니다.

꿈을 꾸는 것 그 사실만으로도 우리는 삶을 살아가는 힘을 얻을 수 있습니다. 고단한 삶에 지쳐 오늘만을, 눈앞의 일만 바라보는 자신의 모습을 보게 된다면 우리는 자신의 꿈은 무엇이고 어디에 있는지 다시 생각해봐야 할 것입니다.

눈을 감고 미래에 자신이 되고 싶은 모습을 상상해보겠습니다. 자신이 되고 싶은 직업인의 모습도 좋고, 꼭 가고 싶은 여행지에 있는 상상을 하는 것도 좋고, 앞으로 함께 있고 싶은 사람과 같이 있는 상상을 하는 것도 좋습니다. 꿈을 꾸면 기분이 좋아지고, 분명 움직일 수 있는 힘이 생길 것입니다.

지향점directing point을 정하는 것은 가야 하는 목적지를 정하는 것이고, 이렇게 목적지를 정하는 것만으로도 동기부여motivation가 될 수 있습니다. 동기는 사람을 움직이는 힘으로, 목적지를 정하는 것만으로도 움직이는 힘이 생긴다는 사실은 놀라운 일입니다.

꿈은 목적지라는 점에서 사람을 움직이는 힘이 있습니다. 꿈을 가진 삶을 만들어가야 합니다. 꿈을 갖는다는 것은 자신을 움직일 수 있는 가장 손쉬운 방법일 것입니다.

행복을 찾아 나서게 하는 길잡이, 꿈

꿈을 꾸는 것은 행복한 삶의 시작점입니다. 미래지향적인 꿈은 우리 삶의 만족도를 끓어 올려줄 것입니다.

꿈을 꾸어야 하는가?

아들러의 개인심리학에 의하면 문제해결에 관한 확신이 없을 때나 자는 동안에도 현실 상황이 강한 압박으로 느껴질 때 꿈을 꾸게 됩니다. 개인이 직면하고 있는 문제의 해결책을 제시하는 일이 꿈의 과제입니다.

아들러는 개인의 인생 방식을 지지하며 거기에 적합한 감정을 요구하는 것이 꿈이라고 설명했습니다. 즉 어떤 사람이 상식적으로 해결하고 싶지 않은 문제에 직면했을 때 자신의 꿈에 반영된 감정에 의해 스스로의 태도를 확인할 수 있다는 뜻입니다. 꿈은 삶을 살아가는 방식을 지지하고 그 방식을 정당화합니다.

꿈은 인생방식의 산물이며 인생방식을 만들어 강화하는 데 도움이 됩니다. 우리는 꿈을 꾼 뒤 어떤 꿈을 꾸었는지 잊어버리곤 하지만, 그렇다고 남는 것이 전혀 없는 것도 아닙니다. 꿈을 꾼 뒤에는 꿈이 불러일으킨 감정이 남아 있기 때문입니다.

아들러는 꿈을 현실의 객관적이고 상식적인 요구를 개인의 인생 방식으로 풀어나가는 방법이라고 설명했습니다. 어떤 사람이 현실의 문제에 직면했을 때 자신의 꿈에서 발생한 감정에 의해 그 태도를 확인할 수 있다는 뜻인데요. 꿈을 통해서 자신이 어떤 사람인지 파악하는 것이 가능해집니다.

꿈을 꾸어야 하는 이유는 첫째, 꿈을 꾸고 나면 꿈이 불러일으킨 감정이 기억에 남게 되며 꿈의 목적은 이 감정 안에 내재되어 있는데 이 감정이 인생방식과 일치하기 때문입니다. 둘째, 꿈이 현실의 객관적이고 상식적인 요구에 관해 그 사람이 삶을 살아가는 방식을 지지해주기 때문입니다. 셋째, 꿈은 우리가 어떤 상황에 직면할 준비를 하도록 분위기를 조성할 수 있기 때문입니다.

행복한 삶의 시작점, 꿈

한사람이 만들어 내는 감정은 그 사람의 인생을 반영하고 있을 것입니다. 가끔 꿈을 꾸고 난 뒤 꿈의 내용이 전혀 생각나지 않는 경우도 있지만, 보통 꿈으로 인한 감정의 변화는 생생하게 기억납니다. "무서운 꿈을 꾼 것 같아.", "꿈이 정말 슬펐어.", "정말 신나는 꿈이었어." 등의 표현을 통해 꿈에서 나타난 감정은 명확히 기억 속에 남게 되죠. 여기서 중요한 것은 꿈의 내용이 아니라 꿈을 통해 창출된 개인의 감정입니다.

"어떤 꿈을 꾸어야 하며, 어떻게 그 꿈을 꾸게 할 수 있을까?"라는 질문에 관한 해답은 문제를 부분별로 나누어 생각하고 자기 전에 자신이 잘 해결하고 싶다고 생각하며 확신하는 것입니다. 성공할 수 있다는 자신의 생각에 스스로 집중해서 삶을 도와줄 수 있는 감정을 일으켜야 합니다. 이러한 방식으로 꿈을 활용할 수 있다면 현재 당면한 문제들을 풀어갈 수 있습니다. 우리는 삶의 방식을 강화해주고 삶의 목표를 일깨워줄 수 있는 미래지향적인 꿈을 꾸어야 할 것입니다.

꿈을 꾸는 사람은 그 꿈을 이루기 위해 목표를 정할 수 있습니다. 목표는 꿈을 달성하기 위한 계획, 실천방안, 목표를 달성했을 때 얻는 것을 포함하고 있어야 하며 그 목표가 세부적인 과정을 연상해 볼 수 있는 기회를 제공해줄 것입니다. 목표를 정하고 실천해나가는 삶은 활기차고 희망이 가득합니다.

매일 반복되는 삶에서 우리는 지루함을 느끼는데요. 그 지루함에서 작은 목표라도 세우는 것이 삶의 재미를 찾는 데 도움을 줄 수 있습니다. 목표를 정해서 한걸음씩 그 목표를 향해 나아가는 것에서 흥미를 느낄 수 있기 때문입니다. 하루하루 작은 재미들이 쌓이다 보면 결국 행복한 삶의 단초가 될 것입니다. 그렇기에 꿈을 꾸는 것은 행복한 삶을 살아가기 위한 시작점입니다.

삶이 너무 각박해 꿈을 꾸는 것 자체가 사치라고 생각할 수도 있습니다. 그러나 삶이 각박하더라도 자신만을 위한 시간을 내보는 것이 필요합니다. 잠깐이라도 자신을 위해 생각해보는 시간을 가져야 합니다. 그래야 진정한 자신을 돌아볼 수 있습니다. 꿈을 꿀 수 있다는 것이 곧 행복한 삶의 출발입니다.

꿈과
현실과의 관계

꿈은 문제의 해결책을 얻기 위한 과정이며
개인이 용기를 낼 수 있는 밑거름이 될 것입니다.

꿈과 현실의 밀접한 연관성

정말로 원했던 것이 실현되는 기분 좋은 꿈을 꾼 적이 있을 것입니다. 다음 날 중요한 일이 있어서 걱정하며 잠이든 날에는 그 일이 꿈에서 잘 풀리지 않아 소리를 지르며 일어난 경험도 있을 것입니다. 이처럼 현실에서 생각하던 바를 꿈으로 꾸게 되면 깨어난 이후에도 다른 꿈보다 훨씬 더 감정적으로 와 닿기도 합니다.

때로는 그 꿈을 왜 꾸었는지 의미를 알 수 없는 경우도 많습니다. 또 어떤 경우에는 실제로 있을 수 없는 일을 꿈에서 경험하고 느끼며 현실을 잊기도 합니다. 어떠한 내용의 꿈이든 꿈은 현실과 연결되어 있는데요. 꿈이 현실과 깊은 관계가 있다는 것은 꿈에서 느낀 감정이 잠을 깬 뒤에도 남아서 현실에서 생활할 때 영향을 미치는 경우를 통해 알 수 있습니다. 실제 꿈에서 얻은 아이디어를 현실에서 실현시켰다는 사례를 주변에서 종종 접하기 때문입니다.

꿈에서는 다양한 심리적 측면을 엿볼 수 있습니다. 우리는 보통 꿈은 무언가를 의미한다고 생각합니다. 현실에서 고민하고 있는 문제들이 꿈에 나타난다고 믿는 사람도 볼 수 있습니다. 현실에서 해소하지 못하는 욕구충족을 꿈에서 하는 것이라고 믿는 사람도 있습니다.

일반적으로 잠을 자면 꿈을 꾸지만 자신이 꾼 꿈을 거의 기억하지 못하곤 합니다. 심지어 아무것도 떠오르지 않는다고 말하는 경우도 있습니다. 그러나 아들러는 깨어난 후의 기억과 상관없이 꿈과 현실이 매우 밀접한 관련이 있다고 설명했습니다. 아들러는 꿈을 설명하며 그 사람이 살아가는 인생 스타일이 꿈에 들어 있고, 꿈을 통해 그 사람이 살아가는 생활양식을 강화시키는 데 도움을 준다고 했습니다. 더 나아가 꿈을 통해 현실에서 마주하고 있는 많은 어려움을 해결할 수 있는 방안을 제시하고 있다고 설명했습니다.

꿈 분석

아들러는 꿈이 감정과 사고, 행동적인 측면에서 생활양식을 지지하고 정당화하는 역할을 한다고 설명했습니다. 꿈은 누구도 개입하지 못하기에 자기중심적이면서 자기도취적입니다. 그렇기에 꿈을 이해하는 것은 그 사람의 진정한 모습을 마주하게 되는 좋은 방법이 될 것입니다.

스스로 자신의 꿈을 분석하고 이해할 수 있다면 지금까지 몰랐던 자신의 새롭고 중요한 어떤 모습을 발견할 수도 있을 것입니다. 꿈의 내용을 이해하는 것은 현실에서 당면한 문제에 관해 실마리를 풀 수 있는 해결책을 얻을 수 있는 과정이 되기 때문입니다.

꿈에서 특정한 장면-사건-영상-인물 등을 선택하는 경우가 많은데 어떤 것을 선택하는지 아는 것이 중요합니다. 그 선택이 경향적이고 개인적인 우월 목표를 보여주는 것이기 때문입니다. 내면의 기억 속에 있는 그 목표를 알게 되면 현실에서 실현시킬 수 있습니다.

또한 꿈은 은유와 상징이라는 것을 명심해야 합니다. 꿈에서 보는 장면, 겪는 사건, 느끼는 감정은 그 자체로도 중요할 수 있지만, 현실의 어떤 것을 대변하는 은유나 상징일 수 있습니다. 그것이 현실 문제의 어떤 측면을 대변하고 있는지 자각할 때 꿈은 현실이 될 수 있습니다. 다시 말해 꿈과 현실은 밀접한 연관이 있다는 뜻입니다. 우리는 잠자고 있는 와중에도 여전히 현실과 접촉하고 있습니다. 그렇기에 꿈을 꾸는 것은 현실에서 도피하기 위한 상상이라기보다는 현실을 극복하기 위해 나타내는 여러 생각이 됩니다.

미국 대통령이었던 버락 오바마Barack Obama는 케냐 출신 흑인 아버지와 백인 어머니 사이에서 태어난 혼혈로 어려운 가정환경과 인종차별로 힘들었지만, 그는 절망하지 않았으며 꿈을 갖고 그것을 통해 현실을 지탱했죠. 마침내 오바마는 미국 최초의 흑인 대통령이 되었습니다. 많은 이들이 꿈도 꾸지 말라 했지만, 그는 기어이 꿈을 현실로 만들었습니다. 절망에서도 꿈은 현실이 될 수 있음을 기억해야 합니다.

아무리 현실 같은 꿈이라도 꿈은 꿈일 뿐입니다. 이상적인 꿈의 내용을 실제 삶이라 생각하고 살아가게 된다면 큰 실수를 하게 될 것입니다. 꿈을 통해 현실에서 삶을 발전시켜 나가야 하는데요. 노력 없이 꿈을 현실로 착각한다면 정말 꿈에 갇힌 삶을 살게 될 것입니다. 실패하지 않으려면 꿈을 통해 현실에 맞는 해결책을 발견하고 이를 발전시켜가야 합니다.

인생의
큰 그림

한 개인은 열등한 여건을 극복하고 운명을 개척해나가는 능력을 지닌 창조적 존재이자 통일된 유기체입니다.

개인을 이해하려면 유기체를 이해해야

아들러의 개인심리학에서는 인간의 성격에 관해 설명하고 있습니다. 아들러는 개인을 자신도 모르는 무의식적 동기나 어떤 환경에 이끌려 행동하는 존재가 아니라 자신의 열등한 부분을 인식하고, 이를 극복하며 자신에게 주어진 운명을 스스로 개척해나가는 능력을 지닌 창조적 존재이자 통일된 유기체라고 설명하고 있습니다.

아들러에게 있어서 유기체란 분리될 수 없는 전체whole를 말합니다. 개인은 분리될 수 없는 전체적인 존재입니다. 개인을 이해하기 위해서는 유기체를 이해해야 하는데요. 이러한 관점에서 개인을 볼 때 프로이트의 원초아id, 자아ego, 초자아superego로 나누는 것은 아들러의 개인심리학을 이해하는 데 도움이 되지 않을 것입니다.

아들러는 개인을 하나의 큰 단위라고 설명했습니다. 즉 사고와 감정, 그리고 행동의 통일성을 뜻합니다. 인간의 모든 표현과 행위에는 통일성unity이 필요합니다. 예를 들어 한 개인이 사고과 감정, 그리고 행동이 따로 움직이고 있다면 상당히 불안하고 괴로워하며 괴리감을 느끼게 될 것입니다. 이러한 부정적인 불안, 괴로움, 괴리감을 줄이기 위해서 자신의 사고와 감정, 그리고 행동을 일치시키고자 노력하는 것입니다. 이러한 과정이 통일성을 위한 통합의 과정입니다.

그렇기에 아들러는 유기체의 통합을 자신의 기본적인 원리 중 하나로 설명했습니다 모든 인간은 자체적으로 통합체를 형성할 수 있는 존재입니다. 한 개인을 파악하고 이해하기 위해서는 그에 관한 전체적인 성격을 파악해야 이해할 수 있다는 뜻입니다. 만약 어떤 한 환자가 불안으로 인해서 고민하고 있다면 아들러는 안정제를 처방하기 보다는 왜 이 증상이 나타나게 되었는지를 그 개인의 전체 성격구조와 관련해 이해하고자 노력할 것입니다.

독특하면서 독립적인 개인

아들러는 각 개인을 완전한 통합체, 즉 독특하고 개성적이지만 완전하고 통합된 존재로 보았습니다. 아들러는 이를 전체주의holism라고 설명했습니다. 전체주의적 관점에서 볼 때 개인은 독특하면서 독립적인 존재로 봐야 합니다. 이처럼 개인의 독특성과 통일성을 강조한 점에서 아들러의 개념을 개인심리학individual psychology이라고 부른 이유를 이해할 수 있습니다. 다시 말해 전체주의란 하나의 통합된 전체를 말하는 것이지 각각의 부분을 설명하는 것이 아닙니다. 그렇기에 아들러는 한 개인을 이해하기 위해서는 개인을 전체적 존재이자 총체적인 존재로, 즉 있는 그대로 이해해야 한다고 생각했습니다.

전체주의는 앞서 소개한 프로이트의 정신구조와는 다릅니다. 프로이트는 인간의 정신구조를 원초아, 자아, 초자아 이렇게 세 부분으로 나누어 소개하며 이들 서로 간에는 의식과 무의식 사이에서 혼잡한 갈등이 일어나고 있다고 설명했습니다. 여기에 자아ego는 의식적인 측면으로 인간의 충동과 본능을 통제할 수 있는 영역인데, 프로이트는 이 자아의 강도가 강해야 한다고 강조했습니다.

아들러는 프로이트와 다른 의견을 제시했습니다. 아들러는 인간의 정신구조를 보면 의식과 무의식이 갈등하는 것이 아니라 인간의 정신구조는 총체적인 측면에서 작동하고 있다고 설명했습니다. 즉 인간의 사고, 감정, 행동이 하나의 큰 통합되고 총체적인 측면에서 능동적으로 작동하고 있다는 뜻입니다. 그렇기에 전체론적 시각에서 보면 개인은 그 내면에서 일어나는 갈등에 관해 수동적인 존재가 아니라 갈등의 조성자임을 기억해야 합니다.

아들러는 프로이트가 설명하고 있는 인간의 본능과 의식과 무의식의 갈등, 즉 원초아, 자아, 초자아 간의 갈등에 관해서 부연설명하기보다는 자신의 입장에서 이론적으로 새롭게 소개했습니다. 다시 말해 아들러는 프로이트와 달리 인간의 특성을 갈등의 관계로 보지 않고, 자신만의 독특한 생활양식에 의해 삶의 목표를 설정하고 통일된 유기체와 전체성을 지닌 존재로 설명했습니다.

목적이 있는 삶

한 개인이 갖고 있는 가상적 최종목적을 이해하면
개인의 모든 심리현상을 충분히 설명할 수 있습니다.

삶의 목적이 필요한 이유

"인간은 무엇을 위해서 사는가?" 질문한다면, 우리는 여러 고민 끝에 자신의 생각을 정리해서 말할 것입니다. 남녀노소를 막론하고 사람들은 이 질문에 답을 할 것입니다. 그 답을 듣다 보면 그 목적이 매우 뚜렷하고 명확한 사람이 있는 반면, 목적이 명확하지 않고 분명하지 않은 사람도 있습니다. 개중에는 목표가 분명하지 않아 시간만 허비하며 그냥그냥 살아가는 사람도 있습니다.

왜 이러한 결과가 일어나는 것일까요? 아들러는 이러한 결과가 '가상적 목적'에서 비롯된다고 설명했습니다. 왜냐하면 아들러는 인간을 미래지향적인 삶의 목적을 향해 나아가는 존재로 보았기 때문입니다. 삶의 목적purpose in life은 사회에 기여할 수 있어야 건강한 삶의 목적이 됩니다. 한 개인이 갖고 있는 가상적 목적은 자신의 꿈을 달성하느냐 혹은 그렇지 못하느냐에 따라서 현실이 되기도 하거나 허황된 꿈으로 끝나기도 합니다.

우리에게 있어 삶의 목적이 필요한 이유는 꿈을 꿀 수 있는 능력이 있기 때문입니다. 아이들은 자신의 꿈에 관해서 말하며 "대통령이요", "장군이요", "가수요" 라고 종종 말하곤 하는데요. 과연 아이들이 말한 이 직업에 관해서 잘 알고 말하는 것일까요? 대부분 그렇지 않습니다. 그러나 이렇게 말을 하는 것은 우리에게 꿈을 꿀 수 있는 능력이 있다는 사실을 알려주는 중요한 예가 됩니다.

인간의 삶은 태어나서 죽음에 이르기까지 어디론가 향해 가고 있기에 목적이 없는 경우 허무감에 빠져 불안해하거나 우울감에 시달리게 됩니다. 그래서 우리에게 삶의 목적이 필요하죠. 그것이 아무리 가상적이라고 하더라도 말입니다.

가상적 목적은 미래에 관한 큰 꿈을 꾸는 것입니다. 좀 더 어린 시기에 꿈을 많이 꾸기도 그러나 성인이 되어서도 가상적 목적을 통해서 미래를 꿈꿀 수 있어야 합니다. 이 허구는 현실보다 효과적으로 사람을 움직이게 만듭니다. 그렇기에 아들러는 인간의 행동이 과거가 아니라 미래에 관한 기대에 좌우된다고 설명했습니다. 가상적 목적을 현실로 드러내야 합니다. 현실로 드러내야 우리의 삶이 구체적이 될 것입니다. 허구라는 말은 이상ideal이라고 재표현할 수 있습니다. 우리는 이상을 추구하며 살고 있습니다. '어제보다는 나은 오늘, 그리고 오늘보다 나은 내일'을 꿈꾸며 살고 있습니다. 그렇기에 허구, 즉 이상을 구체화시켜서 하나하나 달성 해 나의 것, 나의 현실이 되도록 만들어야 합니다.

처음에 세운 가상적 목적은 허황될 지 모릅니다. 그렇지만 이를 추구하고 달성하기 위해서 이 꿈을 구체화시켜 성공적인 실행으로 이끌어야 합니다. 그래야 비로소 그 꿈을 나 자신의 것으로 만들 수 있습니다.

목표를 추구하려면

목표를 추구하기 위해서는 과거의 자신보다 현재의 자신에 집중해야 합니다. 아들러가 과거보다 현재를 바탕으로 미래지향적인 삶의 목적을 향해 노력해야 한다고 했듯이 현재 자신에게 있어 삶의 한계를 이해하고 있어야 합니다. 즉 현실과 이상을 정확히 알고 있어야 한다는 뜻입니다.

삶의 한계를 이해하고 있어야 한다는 뜻은 분수를 제대로 알아야 한다는 말을 담고 있습니다. "뱁새가 황새를 따라가면 다리가 찢어진다.", "송충이가 갈잎을 먹으면 떨어진다.", "숭어가 뛰니까 망둥이도 뛴다." 등의 속담이 있습니다. 현재 자신에 주어진 삶의 한계를 제대로 이해하고 있지 못하다면 분명히 낭패를 보게 된다는 말입니다.

현실과 이상 사이에는 어느 정도의 간격이 있으므로 그 간격이 어느 정도인지 알고 있어야 합니다. 어떤 경우에는 그 간격이 생각보다 멀리 있을 수도 있고 그렇지 않을 수도 있습니다. 현실과 이상의 거리를 제대로 판단하지 못하면 생각보다 간극이 커서 좌절을 맛볼 수도 있습니다. 반대로 현실과 이상의 거리가 멀지 않음에도 멀다고 인식하는 순간 포기를 하게 되는 상황이 생길 수 있습니다. 그렇기에 이러한 현실과 이상의 거리를 정확히 알고 있어야 가상적 목적을 현실로 가져올 수 있습니다.

새롭게 생각한다는 것

한 개인이 사건과 상황을 어떻게 인식하고 의미를 부여하며 대응하느냐에 따라 결과가 달라질 수 있습니다.

인간은 능동적인 적응을 하는 개인이다.

아들러는 인간을 단순히 자극에 반응하는 수동적인 존재가 아니라 직접적이고 능동적으로 자신의 삶을 꾸며나갈 수 있는 개인으로 설명했습니다. 인간의 행위는 유전과 환경의 상호작용interaction이라고 설명하지만 사실 그 이상이 될 것입니다. 왜냐하면 인간은 능동적인 존재이기 때문입니다. 즉 자신의 한계를 극복할 수 있는 가능성을 지닌 존재라는 뜻입니다. 만약 개인이 사는 사회적 상황이 자신과 적합하지 않다고 인식한다면 그러한 부적합함에서 변화를 이끌어낼 수 있는 존재가 인간입니다. 이러한 능력은 인간만이 갖고 있는 고유한 힘입니다.

아들러는 인간의 행위가 유전과 환경 간의 상호작용 가운데 있다고 하며, 개인은 주어진 환경에서 스스로의 성격을 형성하고 자신을 확장해간다고 설명했습니다. 그러므로 중요한 것은 '사람들이 무엇을 갖고 있느냐'보다 '그것을 어떻게 사용할 수 있느냐'가 될 것입니다.

아들러는 개인이 갖고 있는 자원을 활용해 창조적으로 자기 삶을 결정할 수 있다고 설명했습니다. 인간은 지식이나 경험의 폭에 관한 이해와 조절이 가능하고, 지신의 존재나 행동에 관해 스스로 책임을 지는 존재라고 생각했기 때문입니다. 다시 말해 유전과 환경이 개인의 성격 발달이나 삶에 당연히 영향을 미치겠지만, 유전이나 환경을 스스로 어떻게 능동적으로 인식하고 대처해나갈지는 분명 개인에게 달려 있다는 뜻입니다.

우리는 능동적인 성향을 갖고 태어나기 때문에 이를 잘 활용 할 필요가 있습니다. 새로운 환경에 수동적으로 순응하는 것이 아니라 계속해서 능동적으로 주변을 탐색하고 탐구하며 변화를 꾀하고 있습니다. 주어진 환경에만 능동적으로 적응하는 것만이 아니라 변화를 위해 새로운 시도를 하고자 창조적이고 혁신적인 활동을 추진해 나갑니다. 그래서 무엇을 할 것인지를 정하고 나면 그 안에서 새로운 변화를 이끌어갈 행동을 하죠. 끊임없이 새로운 제품, 모델 등이 우리 사회에 출시되는 것만을 봐도 알 수 있고, 산업현장에서도 기존의 방법을 고수하지 않고 새로운 과정을 도입하는 것들을 보면 인간이 주어진 환경에 수동적으로 순응하는 존재가 아님을 알 수 있습니다.

이에 관해 아들러는 개인이 갖고 태어난 유전이나 주어진 환경보다 더 중요한 것이 '목표'이며 이 목표에 따라서 적응하고 발달해 간다고 설명했습니다. 즉 개인이 선택한 목표와 개인이 취하는 삶의 태도가 정말 중요합니다.

생각을 바꾸면

아들러가 강조하는 것은 목표와 함께 주관적인 개인의 인식, 선택, 책임입니다. 어떠한 사건이나 상황이든 간에 개인이 그것을 어떻게 인식하고 의미를 부여하느냐에 따라서 대처방식이 달라지고 그 결과 또한 달라집니다. 여기서 핵심은 사건이나 상황 그 자체가 아니라 사건이나 상황에 관한 개인의 적극적인 대처입니다. 이를 통해서 개인이 자신의 발전과 성장의 발판을 마련할 수 있다는 뜻입니다.

즉 개인의 선택과 결정은 유전과 환경의 상호작용에 의해 영향을 받기도 하겠지만 이보다 중요한 것은 주어진 환경 안에서 자신이 스스로 선택과 결정을 내릴 수 있다는 주도적이고 능동적인 의식이 필요합니다. 이러한 자신감이야말로 세상을 달라지게 만드는 원동력이 될 것입니다.

우리는 자신의 생활양식을 스스로 선택하고 결정할 수 있는 자유의지가 있기에 "어떻게 행동할 것인가?"에 관한 측면 또한 자신의 책임하에 있습니다. 이 창조적인 힘은 자신의 인생 목표와 그 목표를 추구하도록 하는 결정이자 사회적 관심에 눈을 돌릴 수 있게 만듭니다. 결국 유전과 환경을 토대로 자신의 성격을 형성하겠지만 자신의 유전이나 환경을 어떻게 인식하고 대처할지는 전적으로 개인에게 달려있습니다.

우리는 누구나 자신에게 주어진 사건이나 상황에 관해서 부정적이고 극단적으로 판단하기도 합니다. 왜 나에게 이러한 끔찍한 일이 발생했는지 도무지 이해되지 않아 우울, 불안, 분노를 경험할 수도 있습니다. 그러나 이러한 사건이나 상황에서도 이를 이겨내기 위해서 자신을 이해하고 파악하며 극복해갈 수 있어야 합니다. 왜냐하면 인간은 능동적으로 적응하는 존재이고, 자신의 생각을 바꾸면 새로운 세상이 분명히 기다리고 있기 때문입니다. 그것이 바로 우리에게 용기가 필요한 이유이기도 합니다.

결국 한 개인이 어떤 생각을 갖고 어떻게 행동할 것이냐에 따라서 능동적이고 적응하는 존재가 될지 아닐지가 결정됩니다. 또한 자신의 잠재력을 크게 발전시키고 성장시킬 수 있는 여부 또한 결정될 것입니다. 어떠한 사건이나 상황이든간에 개인이 그 사건과 상황을 어떻게 인식하고 의미를 부여하며 대응하느냐에 따라 결과가 달라진다는 것을 기억해야 합니다.

천천히 그리고 신중하게

우리의 결정은 결과적으로 많은 선택의 변화를 가져올 수 있기에 천천히, 그리고 신중하게 판단해야 합니다.

선택에 뒤따르는 자유와 책임

아들러는 인간이 선택에 있어서 과정보다 결과에 집중하고 영향을 받는다고 설명했습니다. 이는 인간이 자극에 의해 반응하는 수동적인 존재가 아니라 자신의 선택에 관한 결과를 미리 예측하고 생각하며 행동한다는 것을 뜻합니다.

아들러는 결정론과 관련해 '유연한 결정론soft determinism'의 입장을 취했습니다. 개인이 자신에게 주어진 사건이나 상황보다 그것이 왜 자신에게 일어나게 되었는지에 관한 개연성과 가능성에 초점을 맞추고 있다는 뜻입니다. 이를 통해서 우리의 선택에는 그 지신만의 자유가 있음을 알 수 있습니다. 더 나아가 우리는 자신의 자유로 선택한 결과물에 관해서 책임을 져야 합니다. 그렇기에 더욱 신중한 사고가 필요하다는 것을 말해줍니다. 다시 말해 모든 것은 "나의 선택에 따라서 달라질 수 있다."라는 것입니다. 아들러가 설명한 '유연한 결정론' 의 내용은 다음과 같습니다.

첫째, 선택은 원하는 것만 고를 수 있다는 뜻이 아닙니다. 우리는 살아가면서 자신이 원하는 것만을 선택할 수는 없습니다. 예를 들어 밥을 먹고 싶지 않지만 병에 걸려 치료를 위해서 억지로 밥을 먹어야 하는 선택을 해야 할 때도 있습니다. 학생일 때는 시험을 준비해야 하고, 직장인이 되어서는 업무 평가를 준비해야 합니다.

둘째, 선택하기 위한 자유freedom to choose와 선택의 자유freedom of choice는 다르다는 것입니다. 일상에서 자신은 사회가 허용하는 범위에서 스스로 선택할 자유가 있습니다. 반대로 우리의 생각이나 느낌에서는 선택의 자유가 존재합니다. 적어도 우리가 어떻게 생각하고 느끼는지에 대해 자유롭다는 뜻입니다. 즉 우리의 인생은 스스로 취하는 자신의 태도에 달려 있습니다.

셋째, 선택과 책임, 그리고 비난에 관해서도 알아야 합니다. 우리는 스스로 행동에 관한 책임을 지고 자신 혹은 타인을 비난하지 말아야 합니다. 왜냐하면 한 개인은 스스로 선택하고 그 선택에 책임을 져야 하기 때문입니다. 그렇기에 한 개인의 선택과 그에 따른 결과에 관해 비난해서는 안 됩니다. 만약 실패가 있었더라도 왜 실패를 했는지 파악할 수 있다면 보완이 가능할 것입니다. 그러므로 아들러는 그의 치료방식을 재교육적인 측면에서 설명했습니다. 스탠리 밀그램Stanley Milgram의 권위에 관한 복종obedience to authority 처럼 외부의 강압이나 명령으로 인해서 어쩔 수 없는 특수한 상황을 제외한다면 자신의 선택은 그 결과에 관해 예측하도록 기능할 것입니다.

후회를 덜 하려면

선택과 결과에 관한 책임에는 후회가 있습니다. 자신의 의사를 반영한 선택이었다고 하겠지만, 사실 그 결정의 과정에 신중함이 얼마나 영향을 미치고 있는지 생각해볼 필요가 있습니다.

신중함을 방해하는 요소 중의 하나는 시간제한으로 인한 압박감입니다. TV 홈쇼핑의 판매전략 중 하나가 '선착순', '마감 임박'이라는 문구와 함께 타이머를 화면에 보여주는 것입니다. 이 문구를 본 우리는 자신에게 그 상품이 필요한지 신중하게 생각할 겨를도 없이 상품을 구매하는 경우를 생각해볼 수 있는데요. 일상의 단순한 예지만 우리의 의사결정에 신중함이 결여될 수 있다는 것을 알아야 합니다.

그렇기에 작은 것부터 시작해서 큰 비중을 차지하는 결정까지 되도록 천천히 생각해보고 신중하게 판단해야 할 것입니다. 그래야 후회가 덜합니다. 후회가 많이 남는 결정일수록 위험하거나 문제를 불러올 수 있다는 것을 기억해야 합니다.

우리는 스스로 행동에 책임을 지고 자신 혹은 타인을 비난하지 말아야 합니다.

아들러의 개인심리학은 낙관적 입니다. 사람과 환경은 변화할 수 있고 변하기도 합니다. 그 변화 가능성을 전제로 하는 낙관적 사고는 실제로 변화를 이끌어냅니다. 과거에서 지금으로, 지금에서 미래로 변화할 수 있다는 사실을 기억해야 합니다. 자신을 믿고 가상적 목표를 설정하게 되면 그 목표가 동기가 되어 이미 사실로 이루어진 것처럼 행동할 수 있습니다. 자신에 관한 믿음이 변화의 원동력이 되고, 열등감이 밑바탕이 되어 긍정적인 결과를 이끌어낼 것입니다.

PART Ⅳ

얼마든지 한계를
극복하고 넘어설 수 있다

우리가 사는 희망찬 세상

한 개인이 문제에서 벗어나 변하면 행복을 경험합니다.
이러한 사람이 모여 희망찬 세상으로 바꿀 수 있을 것입니다.

낙관주의는 변화를 가져온다

아들러의 개인심리학은 프로이트와 달리 낙관주의optimism적입니다. 우리는 변할 수 있고 세상도 변하기도 합니다. 아들러는 이러한 변화의 과정에서 개인은 자기 스스로를 책임질 수 있고 책임지기도 하며 협력적으로 일할 수도 있다고 설명했습니다. 또한 아들러는 인간본성에 관해서 좋거나 나쁘다고 표현하기보다는 본성 자체가 중립적이기 때문에 변화 가능하다고 설명했습니다.

아들러는 제1차 세계대전을 경험하면서 사회의 혼란과 파괴에 직면했습니다. 전쟁으로 인해 야기되었던 사회의 부정적인 단면을 경험한 아들러였지만, 거기서 멈추지 않고 파괴적인 양상을 만들어낸 것도 인간이지만 반대로 긍정적인 사회를 구축할 수 있는 존재도 인간이라고 생각했습니다.

그렇기에 인간은 개인의 성장과 행복을 추구하는 존재라는 가정이 가능해집니다. 세상을 낙관적으로 볼 수 있다는 뜻입니다. 일반적으로 한 가지 일을 하다가 계속해서 실패하면 짜증을 내거나 하던 일을 그만두기에 십상인데요. 낙관적인 사람은 자신에게 당면한 어려운 문제들을 포기하지 않고, 긍정적이고 능동적으로 받아들여 대처할 것입니다.

예를 들어 어떤 어려운 문제를 풀어야 할 때 비관적인 사람은 그 문제를 포기하고 다른 문제를 풀거나 아예 포기하는 경우가 많습니다. 그러나 낙관적인 사람은 힘들지만, 그 문제를 풀기 위해 처음부터 원리를 파악해가며 풀어갈 것이고 마침내 풀었을 때의 기쁨을 만끽할 것입니다. 훗날 이와 유사한 경우에도 낙관적인 사람은 당면한 문제를 잘 해결할 것입니다.

낙관적인 사람은 자신에게 좋은 일이 생기면 자신이 잘해서 좋은 일이 생겼다고 생각하고, 좋은 일은 또 일어날 수 있다고 생각합니다. 즉 하나의 좋은 사건으로 인해 삶이 전반적으로 좋아졌다고 여기는 경향이 있습니다. 반대로 나쁜 사건이 생겼을 때는 자신의 잘못이 아니라고 여기고 다시 일어나지 않을 것이라고 생각하며 삶의 다른 부분으로 확대해서 생각하지 않는 경향을 보게 될 것입니다.

낙관적인 경험으로 가져온 변화

낙관적인 사람은 비관적인 사람보다 문제해결 행동을 장기적으로 지속할 것이고, 원하는 결과를 보다 쉽게 얻어낼 것입니다. 문제해결 과정에서 어려움을 겪어 풀어내지 못해도, 그 문제를 자신의 현재의 경험에 빗대어 미래에 사용할 수 있다고 생각하기 때문에 자기를 강화시켜 이후에도 할 수 있다는 생각을 갖고 긍정적으로 문제를 헤쳐나갈 것입니다.

낙관적인 사람은 자신의 문제에만 멈추지 않고 시야를 주변으로 돌려 주변에서 일어나는 일에 사회적 관심을 갖고, 긍정적인 변화를 이끌어 갈 수 있습니다. 좀 더 크고 넓게 생각할 수 있는 사람이 낙관적인 사람입니다. 낙관적인 사람이 어려운 문제에 직면하게 되면 이들은 이 어려운 난관을 해결하고자 주저하거나 좌절하지 않고 도전하며 노력할 것입니다. 이러한 노력이 모여 우리 사회를 낙관적인 사회로 바꿔갈 것입니다.

이렇게 바뀐 세상에서 사는 사람 모두가 낙관적이지 않겠지만 낙관적인 사회는 희망을 전해줄 수 있습니다. 그렇기에 이 안에서 자신도 해낼 수 있다는 긍정적인 생각을 가지고 꿈을 이뤄내기 위해 노력하고 능동적으로 행동하며 꿈을 이룰 것입니다.

인간은 변화 가능성을 지니고 있고, 누구나 이 사회에서 행복해질 수 있어야 한다고 아들러는 설명했습니다. 한 개인이 변할 수 있다면 그 자신의 복잡하게 얽힌 문제를 풀 수 있고, 행복을 경험할 수 있습니다. 이러한 사람이 계속 모이고 모여서 현재의 파괴적이고 혼란스러운 세상을 희망찬 세상으로 바꿀 것입니다.

낙관주의는 미래를 꿈꾸게 합니다. 희망은 변화를 가져오죠. 우리는 지금 여기서 멈춰버린 채 자신을 비관적으로 바라보지 말고, 좀 더 나은 자신과 세상을 위해서 희망이라는 꿈을 꿔야 합니다. 희망이라는 다른 세상이 올 것이기 때문입니다.

기억이 미래를 계획한다

한 개인이 목표한 바를 달성하기 위해서
과거의 기억, 감정, 인지라는 영역을 활용해야 합니다.

변화를 가져오는 사용의 심리학

아들러는 기본적으로 개인은 자신이 의미를 부여한 세상에서 살아간다고 설명했습니다. 인생의 의미는 스스로가 자신에게 부여하는 것을 뜻합니다.

아들러는 개인심리학 중 '사용의 심리학psychology of use'을 강조하며 세상을 살아가는 데 중요한 것이 의미부여라고 설명했습니다. 사용의 심리학에는 기억, 감정, 인지 이렇게 3가지 영역이 있습니다. 아들러는 기억에 관해 특수한 정신적 경향에 부합하는 중요한 사건만 기억한다고 설명했습니다. 즉 우리에게 중요한 의미를 갖거나 우리의 목표에 영향을 주는 것 위주로 기억한다는 뜻입니다. 감정 또한 개인이 선택한 목표에 따라 사용되고, 인지에서도 개인의 주관적인 인식과 목표에 따라 영향을 받는다고 아들러는 설명했습니다.

이러한 이유로 사용의 심리학은 본인의 목표에 따라 적절히 사용하고 활용할 수 있습니다. 만약 사용의 심리학을 활용할 수 없다면 그 사람은 발전된 변화를 가져올 수 없고, 항상 쳇바퀴 돌 듯 실패의 자리에만 머물러 있게 될 것입니다.

과거와 현재

아들러는 현재 우리가 일상에서 살아가는 모습에 관해 스스로 선택하고 노력해서 얻게 된 결과물이라고 설명했습니다. 그렇기에 과거는 중요합니다. 단순히 현재의 원인이 과거에 존재한다는 의미가 아닙니다. 과거의 경험을 토대로 개인의 의미부여에 따라 그것이 단초가 되어 현재의 선택이 달라질 수 있다는 뜻입니다. 즉 과거가 있기에 지금이 있고, 지금은 과거에 자신이 스스로의 의지에 따라 선택해 온 결과입니다. 미래의 삶 또한 마찬가지인데요. 자신의 선택과 결정에 따라 앞으로가 달라지기 때문입니다. 즉 지금이 있기에 미래를 꿈꿀 수 있습니다. 특히 아들러는 사용의 심리학에서 우리가 무엇을 가지고 태어났느냐, 어떤 환경에서 태어났느냐가 중요한 것이 아니라 자신이 갖고 있는 자원을 미래를 위해 어떻게 사용할 수 있느냐가 더 중요하다고 설명했습니다.

우리는 간혹 현재 자신의 모습에 관해 과거와 연결해 생각하며 불평과 원망을 하곤 하는데요. "내가 젊었을 때는 말이지", "내가 왕년에는", "내가 너 나이 때에는 안 그랬어."와 같은 표현은 현재 상황을 과거와 연결해서 생각할 때 나타납니다. 현재 모습이 과거의 자신이 한 선택의 결과이기 때문에 이러한 생각을 할 수도 있습니다. 그러나 과거의 모습만을 회상하며 현재 상황에 불만을 느끼면 결코 자신의 미래에 이롭지 않습니다.

아들러는 과거 자신의 조건이나 상황에만 머물러 있는 것이 아니라 현재 사는 삶의 의미를 찾으려고 하는 모습이 중요하다고 했습니다. 단순히 과거로 인해 현재가 결정되었다고 판단하지 말아야 한다는 뜻이죠. 왜냐하면 매 순간 개인의 선택이 더해져 현재라는 결과가 나왔기 때문입니다. 같은 조건에서도 개인이 부여한 의미에 따라 열심히 살아가는 사람의 현재는 분명 달라질 것입니다.

현재와 미래

사용의 심리학은 수동적인 입장이 아니라 능동적인 입장에서 인간을 바라보고 있습니다. 현실에서 어떤 사건이나 상황에 있어서 제약은 분명히 존재합니다. 극복하기 어려운 제약이나 조건이 존재하는 것도 사실이기도 합니다. 그러나 인류 역사상 아주 오래전 과거에서부터 지금까지의 문명사를 보면 시대적으로 많은 현실적 제약과 문제들을 극복하고자 인간의 능력과 자원을 최대한으로 발현해왔다는 사실을 알 수 있습니다.

인류는 18세기 후반 소비재와 경공업을 중심으로 한 1차 산업시대를 시작으로, 19세기 중후반 중화학 공업의 발달로 대표되는 2차 산업시대를 지나서 인터넷으로 대표되는 커뮤니케이션 기술의 발달과 새로운 재생에너지 체계의 확립이 이루어지는 오늘날 3차 산업혁명시대까지 끊임없이 문명을 변화시켜 왔습니다. 그리고 이제 인공지능 · 빅데이터 · 사물인터넷 · 클라우드 등의 지능정보 기술이 사회 변화를 이끌어내는 4차 산업혁명 시대, 즉 창의와 융합의 시대를 맞이하고 있습니다. 이러한 역사적 사건을 통해서 인간의 잠재적 능력을 짐작해 볼 수 있고 미래의 시대를 계속 꿈꿀 수 있습니다.

이를 한 개인에게 적용해본다면 환경을 탓하면서 절망에 빠지고 자괴감에 빠져 있는 것보다 자신의 능력을 사용하기 위해서 많이 생각하고 실천하는 것이 중요하며, 더 나아가 능력의 소유가 아니라 능력의 사용에 초점을 둔다면 장기적으로 개인뿐만 아니라 사회도 행복해질 수 있습니다. 이는 어떤 특정 사람에게만 국한되어 있는 것이 아니라 우리 모두에게 적용되기 때문입니다.

꿈을
가상적 목표로 설정

꿈을 가상적 목표로 설정하게 되면 그 목표가 이미 사실인 것처럼 행동할 수 있고, 그러면 현실이 될 수 있습니다.

가상적 목표를 현실로 가져오다

아들러는 개인이 목표를 수립하고 살아가는 동안 그 목표를 정말 자신의 것처럼 생각하고 살아야 한다고 설명했습니다. 아들러가 설명한 현상학적 관점으로 보면 이 모든 것이 사실입니다. 아들러는 인간의 모든 삶의 결과는 개인의 선택에 따라 달라진다고 설명했습니다. 개인은 자신의 상상이나 태도, 신념에 따라서 행동하고 스스로의 기대에 부응하고자 할 것입니다. 또한 기대한 대로 결과가 일어나길 바라며 살아갈 것입니다. 어릴 적 꿈이 무엇이냐 물어보면 다양한 꿈을 얘기합니다. 그러나 그것을 모두 다 이루었다는 사람은 별로 없습니다. 왜냐하면 그 꿈은 말 그대로 꿈이기 때문입니다.

꿈이 현실이 되기 위해서는 꿈을 가상적 목표로 설정할 수 있어야 합니다. 예를 들어 한 아이가 힘과 우월을 추구하고자 하는 목표를 가상적 목표로 설정했다고 가정해 보겠습니다. 그러면 그 아이는 자신이 한 행동을 타인이 알아줄 때 정말 가치가 있다고 느낄 것입니다. 이 목표를 가진 아이는 대체적으로 자신이 모든 상황을 통제해야 한다고 생각하고 행동할 것입니다. 그렇기에 어린 나이에도 불구하고 '아니요'라고 말함으로써 자신이 원하는 것과 원하지 않는 것을 구분해서 표현해야 합니다. 이처럼 가상적 목표를 설정하게 되면 그 목표가 이미 사실인 것처럼 행동합니다. 그래서 아들러는 누군가를 대할 때 그들의 목표가 무엇인지를 먼저 살펴보려 노력했다고 설명했습니다.

가상적 목표를 설정하면 꿈은 마침내 현실이 될 수 있습니다. 어린 시절에 "커서 어떤 사람이 되고 싶니?", "장래희망이 뭐야?" 등의 질문을 받게 됩니다. 그 과정에서 자연스럽게 꿈이 생기게 되죠. 그러나 어릴 때의 꿈은 대부분 현실적이기보다는 '가상적 목표'에 가깝습니다. 또한 그 어릴 적 꿈이 현실로 이루어질 수 있는지에 관해 중요하게 생각하지 않을 수도 있습니다. 그러나 꿈을 상상하고 이미지로 만들어서 그 기준에 따라 행동하는 것이 가능합니다. 자신이 되고 싶은 것이 무엇인지에 따라 행동에 관한 선택이 달라지고, 실제로 미래의 내가 된 것처럼 매 순간 행동합니다. 이에 관해 아들러는 한 개인이 목표를 설정하면 그에 따라 살아가는 동안 이것이 사실인 것처럼 행동한다고 설명했습니다.

여기서의 최종적인 목표는 가상적 목표를 현실로 가져오는 것입니다. 즉 가상적 목표는 허황된, 그리고 실현 불가능한 꿈이 아니라 현재의 삶을 살아가는 데 방향을 잡을 수 있게 도와주는 역할을 한다는 뜻입니다. 아들러는 인간의 모든 삶의 결과에 관해 개인의 선택에 따라 달라진다고 생각했습니다. 우리는 자신의 가상적 목표를 설정하고 그에 따라서 선택하고 행동할 것입니다. 그리고 가상적 목표를 실현시키고자 노력하는 삶을 살아갈 것입니다.

미래를 꿈꾸게 하는 현실

우리는 목표를 세울 때 짧은 기한을 두거나 자세히 세우는 것에 익숙해져 있습니다. 이는 실현 가능한 목표의 중요성에 관한 이야기를 자주 들어왔기 때문입니다. 특히 성인이 된 이후에는 바쁘다는 핑계로 자신의 인생목표에 관해 깊게 생각할 기회도 별로 없고, 매일 같이 눈앞에 닥친 현실에 관해서만 고민하며 정신없이 살아갑니다.

현대인들은 쳇바퀴처럼 돌아가는 바쁜 일상 속에 자신과 자신의 삶에 관해서 성찰할 시간과 여유가 많지 않습니다. 그로 인해 현재 자신의 모습에 관한 성찰이 부족하고 미래의 모습을 생각해 볼 여력 또한 없습니다. 현대인들이 자신의 삶에서 허무함을 느끼고 희망보다는 절망을 느끼는 경우가 더 많은 것은 바로 이러한 이유 때문입니다. 누구나 어린 시절에 꿈을 꾸는 데 그 시절에는 여유와 시간이 있었기 때문임을 알아야 합니다.

어릴 적 꿈을 아들러는 가상적 목표라고 설명했습니다. 사람들은 대부분 이러한 자신의 꿈을 이루기 위해서 노력합니다. 또한 실패할 것이라고 생각하지 않고 결국엔 이루게 될 목표라고 생각합니다. 그러는 동안 자신의 행동, 말투, 사고 또한 실제로 그 꿈이 사실로 이루어진 것처럼 행동합니다.

예를 들어 자동차를 몰고 싶은 간절한 꿈과 목표가 있는 한 사람이 있습니다. 이러한 꿈을 이루기 위해서 지동차를 구입할 수 있는지에 관해 자신의 현재 사회적 맥락을 고려하며 가능한 조건을 이루기 위해서 열심히 노력할 것입니다. 그 과정에서 이미 자동차를 산 것처럼 즐거운 생각과 기분도 경험했을 것입니다. 이러한 생각과 기분으로 포기하지 않고 자동차를 구입하고자 노력할 것이며, 마침내 원하는 자동차를 구입하게 될 것입니다. 그렇듯 사람은 미래를 꿈꿔야 합니다. 아이에게만 국한된 것이 아니라 성인도 꿈을 꿀 수 있어야 합니다. 마치 사실로 이루어진 것처럼 말입니다.

가상적 목표는 누구에게나 있겠지만 이를 달성하느냐, 못하느냐는 저마다 다릅니다. 그렇기에 비록 어떠한 목표를 이루지 못하더라도 목표를 위한 삶을 구성하고자 노력하고 그 신념에 따라서 행동하면 마지막에는 자신이 만족할 만한 삶의 결과물을 남기게 될 것입니다.

자신에 관한 믿음

자기 자신에 관한 믿음이 있다면
어떤 일이든 그 사람은 자신감에 찬 행동을 할 것입니다.

원동력, 자신을 향한 믿음

아들러는 자신의 신념에 의해서 행동이 나온다고 설명했습니다. 여기서 의미하는 신념은 자신이나 환경에 관해 의미를 부여한다는 뜻입니다. 개인의 행동은 많은 부분 자신의 생각에 의해서 행동하게 됩니다.

이러한 맥락에서 자신에 관한 믿음이 있다면 얼마든지 자신감을 충분히 가질 수 있습니다. 아들러는 자신에 관한 스스로의 믿음이 당면한 문제를 해결해가는 데 있어 충분한 근거가 될 것이고, 그러한 믿음이 곧 자신감을 갖는 방법이라고 설명했습니다.

스스로 자신에 관한 믿음을 갖고 행동할 수 있다는 가정을 자기 충족적 예언self-fulfilling prophecy이라고 하는데, 이는 자신이 스스로 예언한 대로 행동해 결국 그 예언을 실현한다는 뜻입니다. "나는 나를 사랑한다."라는 말을 통해서 자기 충족적 예언을 할 수 있고, 이 믿음이 결국 긍정적인 행동으로 드러나 원하는 바를 달성할 수 있게 됩니다. 스스로에 관한 자신감은 어떤 행동이라도 가능하게 할 수 있도록 만들어 줄 것이고, 자신을 발전시키고 성장하는 결과를 가져올 것입니다.

행동은 개인의 생각이나 신념에서 출발합니다. 주변에서 생각이 바뀌면 행동 또한 바뀐다는 말을 종종 들을 수 있지만, 이에 관해서 가볍게 생각하거나 그 효과를 의심하곤 합니다. 그러나 어떠한 일을 해낼 수 있다는 믿음은 계획과 실천을 도모하는 동기가 되어 그 일에 성공할 확률을 높여줄 것입니다.

자기 충족적 예언은 자신의 꿈이나 신념에 감정 이입하는 과정을 보여줍니다. 예를 들어 이러한 표현들이 그 예인데요. "나는 나를 사랑한다.", "이 믿음이 그에 따른 행동을 할 수 있게 한다.", "그로 인한 성공적인 결과가 나를 발전시킬 것이다." 등이 예가 됩니다. 자기 충족적 예언은 치열한 경쟁에서 살아가고 있는 우리에게 필요한 예언일 것입니다.

경쟁사회에서는 승자가 존재합니다. 그러나 승자가 있으면 패자 또한 있기 마련입니다. 경쟁에서 패한 사람의 경우 자괴감에 빠지기 쉽습니다. 자신의 능력을 탓하면서 무기력하게 넘어지기도 합니다. 실제로 실패로 인해 우리 사회에서 우울증이나 무력감 등을 나타내는 사람이 많습니다. 이러한 사회에서 자기 충족적 예언을 통한 긍정적인 믿음이 우리에게 다시 일어설 힘과 용기가 되어줄 것입니다.

자기 충족적 예언은 새로운 도전과 목표의 원동력이 될 수 있습니다. 그러나 반대로 자기 충족적 예언이 너무 극대화될 때 문제점을 부를 수 있다는 점도 기억해야 합니다. 스스로에게 너무 빠지게 되어 현실을 제대로 바라보지 못하거나 상대가 자신의 뜻대로 행동하게 강요할 수 있기 때문이죠. 그러나 결론적으로 지나치게 극대화되는 부분을 고려해 적절하게 활용할 수 있다면, 자기 충족적 예언이 현 시대에 필요하며 알맞은 개념일 것입니다.

긍정적인 생각과 성공적인 결과

자기 충족적 예언은 특정 행동을 유발하는 자연스러운 경향성입니다. 아들러는 개인의 행동은 스스로의 생각에서 비롯된다고 설명했습니다. 우리가 생각하는 것이 우리가 믿는 것이 될 수 있다는 뜻입니다. 또한 아들러는 내가 나를 사랑한다는 믿음을 바탕으로 행동하면, 이는 성공적인 결과로써 자신을 발전시키게 된다고 설명했습니다.

미래에 관한 예상이나 예견을 뜻하기 때문에 '나쁜 일이 생길 거야.'라고 생각하면 나쁜 일이 생기고, "좋은 일이 일어날 거야."라고 믿으면 실제로 좋은 일로 이어집니다. 그렇기에 스스로 어떤 생각을 하느냐에 따라 좋은 결과가 올 수도 있고, 나쁜 결과가 올 수도 있다는 것이죠. 그러므로 자신의 생각에 따라 결과가 달라질 수 있음을 기억해야 합니다. 이렇듯 자기 충족적 예언을 통해서 자신을 발전시킬 수도 있는 반면에 불면증이나 공포증 같은 것 또한 자기 충족적 예언에서 비롯된다는 사실을 알아야 합니다.

결국 자신이 생각하는 것이 믿음으로 발전하게 되고 행동으로 나타나게 될 것입니다. 다시 말해 개인이 스스로 생각한 것을 사실인 것처럼 믿고 행동한다면, 그리고 그 생각을 지지하도록 사건을 구성하고 타인이 그에 관해 적대적이지 않다면, 개인은 자신의 생각을 믿고 그대로 행동할 수 있을 것입니다.

앞서
나갈 기회의 조건

열등하다고 느끼는 것은 자신에게 고통스럽지만
기회로 삼으면 앞서 나갈 수 있는 힘이 될 것입니다.

열등감과 열등감 콤플렉스

개인에게 열등inferiority하다는 것은 일상에서 보통의 수준이나 기준보다 만족도에서 부족하다고 느끼는 상태를 경험하고 있다는 뜻이기도 합니다. 즉 열등하다는 것은 스트레스로 작용하지만 긍정적인 측면과 부정적인 측면을 동시에 갖고 있습니다.

우선 긍정적인 측면으로 개인이 열등하다는 것은 유기체의 적응을 위한 도전으로 설명이 가능합니다. 반면에 부정적인 측면에서 열등하다고 느끼게 되면 이는 자신에게 있어 겪고 싶지 않은 고통이 될 것입니다.

열등감inferiority feeling은 당면한 사건이나 상황에 관한 우리의 부정적인 평가입니다. 그러나 그러한 상황에 적응해야 합니다. 만약 개인이 스스로를 지나치게 열등하다고 느끼고 삶의 도전을 회피하게 된다면 결국 열등감 콤플렉스inferiority complex를 경험하게 될 것입니다. 이 경우 당면한 사건이나 상황에 관한 적응이 어울 것이고 발전과 성장 가능성 또한 줄어들게 만들 것입니다.

아들러는 이러한 열등감 콤플렉스에 관해서 3가지 원인을 설명했습니다. 그것은 기관열등감organ inferiority, 과잉보호spoiling, 그리고 양육태만neglect인데요. 자세한 내용은 다음과 같습니다.

첫째, 기관열등감은 부모에게서 물려받은 자신의 신체에 관해 어떻게 생각하는가를 말합니다. 자신의 신체에 관한 콤플렉스가 생기면 열등감에 빠져 원망하게 됩니다.

둘째, 과잉보호는 부모의 자녀교육과 관련 있습니다. 아이 스스로 해결할 수 있도록 기회를 주지 않고, 부모가 먼저 나서서 모든 일을 해결해 버리는 경우를 뜻하는 것입니다. 과잉보호로 자란 아이는 인생의 어려운 고비에 부딪쳤을 때마다 쉽게 열등감에 빠져 자신은 대처할 능력이 없다고 믿어 극복하지 못합니다.

셋째, 양육태만은 부모가 자녀에게 최소한의 양육도 하지 않는 경우인데요. 양육태만으로 자란 아이들은 자신이 필요하지 않다고 느끼는 열등감 때문에 문제에 직면했을 때 회피나 도피를 하게 됩니다.

열등감 콤플렉스를 이해하기 위해서는 열등, 열등감, 그리고 열등감 콤플렉스를 비교하며 이해하고 있어야 합니다. 열등은 객관적으로 열등한 상태를 뜻합니다. 아들러가 지적한 기관열등은 신체적 한계가 있음을 뜻하기도 합니다. 한편 열등과 달리 열등감은 주관적이고 상대적인 것인데요. 외모나 능력 면에서 열등하지 않음에도 불구하고 나타날 수 있습니다.

열등감 콤플렉스는 열등감을 은폐하기 위해서 신경증적인 방어 기제를 사용하는 경우를 말합니다. 예를 들어 의도적으로 자신이 대단히 중요한 사람이라는 것을 내세우고자 하는 사람은 자기 내면의 열등감을 감추고 싶어 하는데요. 이 경우가 열등감 콤플렉스에 포함됩니다.

열등감 콤플렉스는 우리가 살면서 해결해야 할 문제에 직면했을 때 적극적으로 대응해서 해결하기보다 주저하거나 회피하고 자신의 책임을 다하지 못할 때 나타납니다. 타인이나 환경에 책임을 전가시키고 알리바이를 만들고자 하는 자기 패배적인 행동방식을 보이기 합니다. 열등감을 지나치게 의식하고 그것을 과잉보상하려고 하는 경우도 마찬가지로 열등감 콤플렉스에 해당됩니다.

열등감을 이용한 긍정적 변화

아들러는 열등감과 열등감 콤플렉스가 부정적인 결과만을 가져오는 것이 아니라 이를 극복한 긍정적인 과정까지 설명했습니다. 즉 자신이 원하는 자기완성을 이루기 위해 자신이 느끼는 열등감을 극복해야 한다는 뜻입니다. 아들러는 자기완성을 위한 필수 요인으로 열등감을 제시함으로써 열등감을 긍정적인 측면에서 설명했습니다.

또한 사람들이 열등감을 느끼는 것에 관해 정상적인 현상이라고 덧붙였습니다.

열등감을 극복하고 우월성을 성취하며 완전에 도달하고자 한다는 의미에서 개인에게 열등감은 진보적 발전의 원동력이 됩니다. 아들러는 열등감 자체는 부정적이거나 나쁜 것이 아니기 때문에 열등감을 극복하고 보상함으로써 자기성장과 발전의 기회로 삼는 것이 중요하다고 설명했습니다.

기관열등감을 극복하고 자신의 삶에 충실함으로써 세계적으로 인정받는 인물이 있습니다. 바로 영국의 물리학자 스티븐 호킹Stephen Hawking 박사입니다. 그는 22세에 루게릭병이라는 전신마비 진단을 받았습니다. 그는 그전까지 활동적이고 사교적이었으며 물리학에서도 군계일학의 실력을 과시하고 있었던 그에게는 충격적인 일이 아닐 수 없었을 것입니다. 그러나 호킹 박사는 이를 잘 이겨낸 사람입니다. 오히려 몸의 거동이 불편하니까 따로 할 일이 없어서 물리학에 관한 생각을 더 많이 할 수 있다고 말하기도 했습니다. 그는 위기를 기회로 만든 인물이었습니다. 호킹 박사는 뉴턴과 아인슈타인의 뒤를 잇는 물리학자로 추앙받으며 여전히 활동하고 있습니다.

개인이 열등감을 극복하고 완성에 도달하기 위해 우월성 추구를 하면 건설적인 생활양식을 갖게 되어 심리적 건강을 달성할 수 있습니다. 이러한 사람은 자신의 부족한 점을 인정하고 한계를 극복하려는 의지와 노력을 통해 자기완성을 이루고자 할 것입니다. 즉 신체 · 심리 · 사회적 건강을 위해 우리가 열등감을 이해하고 다룰 수 있어야 한다는 뜻입니다.

더
멋진 나

우월성은 자신을 타인보다 위대하게, 그리고
현재의 나보다 나은 모습을 만들도록 노력하게 만듭니다.

우월감과 긍정적 결과

우리는 지금보다 나은 자신의 우월한 모습을 찾고자 노력하는 경향이 있습니다. 이 우월의 힘은 정상적인 발달 과정의 일부이자 열등감 콤플렉스에 관한 과잉보상으로도 나타날 수 있습니다.

일부 아동은 어릴 적부터 자신이 탁월한 재능이 있고 이 재능을 통해서 스스로 우월하다고 인식하기도 하죠. 영재성을 보이는 아이가 보여주는 탁월함의 경우가 한 예인데요. 그렇다고 해서 그 아이가 생활 전반의 모든 영역에서 탁월함을 보이는 것은 아닙니다. 탁월함은 특정한 한 영역에서 나타나는 것이기에 그 영역을 잘 개발하고 발달시켜야 합니다. 영재성을 보이는 아이 모두가 자신을 우월하다고 느끼는 것은 아닙니다. 자신이 우월하다고 느끼는 아이의 경우에만 그런 인식을 합니다. 즉 우월함은 주관적인 판단에서 비롯되기 때문입니다.

이러한 주관적인 판단은 스스로 우월하다는 메시지를 드러내게 합니다. 이러한 메시지는 자신의 이상적인 측면에서 긍정적인 영향을 미치게 될 것이고, 이상적인 메시지는 자신을 더 우월하게 발달하도록 돕습니다.

우리는 자신의 약점 때문에 생기는 긴장감과 불안, 그리고 남보다 열등하다는 사실을 인정하기 싫어합니다. 그래서 열등감을 극복하고 남보다 우월해지고 보상받고자 노력하며 높은 목표를 달성하고자 노력합니다.

작가 헤밍웨이Ernest Hemingway의 경우를 보면, 헤밍웨이는 고등학교 시절 성적이 아주 좋은 편이었다고 합니다. 공부 이외의 활동도 활발히 해 운동, 음악, 웅변 등에서도 두각을 나타냈다고 하는데요. 명문대학에 진학할 것이라는 주변 사람의 예상과 달리 제1차 세계대전에 참전하기 위해 입대원서를 냈는데, 여기서 헤밍웨이는 열등감을 경험했다고 합니다. 시력이 안 좋아서 군입대에 불합격한 것이죠. 그러나 헤밍웨이는 절망하지 않고 지방지의 수습기자 경험을 쌓아서 종군기자로서 전쟁의 생생한 모습을 경험했습니다. 나중에 이러한 경험이 밑바탕이 되어 집필한 작품이 『무기여 잘 있거라』인데요. 실패를 딛고 일어나 세계적인 문호가 될 수 있었던 것입니다.

이러한 보상의 궁극적인 목적을 아들러는 '우월성의 추구'라고 설명했습니다. 우월성의 추구는 삶의 기초적 사실로써 모든 인간이 문제에 직면했을 때 부족한 것을 보충하고, 미완성의 것은 완성하며, 무능한 것은 유능하게 만들려는 경향성을 뜻합니다.

자신에게 있는 열등감을 보상 혹은 방어하기 위해서 자신이 남보다 우수하다고 생각하거나 스스로에 관한 평가, 즉 자존감이 높아진 상태를 우월감이라고 부릅니다. 이때의 우월감은 실제로 남보다 우수하다는 객관성은 내포되어 있지 않습니다. 그렇기에 우월감은 주관적인 측면에서 자신을 타인보다 위대하게 그리고 현재의 나보다 나은 모습을 만들도록 노력하게 한다는 뜻이 됩니다.

우월감 콤플렉스와 부정적 결과

우리는 현재 자신의 모습보다 더 나은 모습을 꿈꾸고 노력하며 살고 있습니다. 그러나 지나친 우월감 콤플렉스superiority complex는 심각한 병리적 측면을 만들어 냅니다. 예를 들어 만족감을 느끼지 못하고 끝도 없는 야망이나 성공에 지나치게 집착하게 되는 경우를 주변에서 볼 수 있는데요. 야망이나 성공에 집착하다 보면 고독과 고립감을 경험하며 많은 후회를 하게 될 수 있다는 점을 기억해야 합니다.

이렇게 볼 때 우월감 콤플렉스는 열등감 콤플렉스의 다른 표현에 지나지 않습니다. 우월감 콤플렉스는 현재 당면한 사건이나 상황에 관한 반응이자 심리적으로 자신이 전혀 열등감을 느끼지 않는 것처럼 행동하는 것입니다. 이러한 콤플렉스를 지닌 사람은 적응에 어려움을 호소합니다. 우월감 콤플렉스는 실제로 적응을 약화시키고, 필요한 것을 얻고자 노력하는 기술의 발달을 약화시킵니다. 이는 또 다른 문제와 고통을 불러옵니다. 그렇기에 우월감 콤플렉스는 열등감 콤플렉스의 또 다른 표현인 것입니다.

심한 열등감에 사로잡혀 극복하지 못하는 사람은 열등감

과는 반대되는 거짓 우월감에 빠지게 됩니다. 즉 열등감이 심하면 오히려 자신이 우월하다는 것을 일부러 과시하고자 지나친 자기 자랑에 빠진다는 뜻인데요. 이러한 행위는 결국 허영심과 더불어 파국의 결과로 다가올 것입니다. 그렇기에 스스로 자신에게 맞는 일을 찾아야 하고, 이를 게을리해서는 안 됩니다. 이 과정을 통해 진정으로 원하는 자신의 모습을 발견해야 합니다.

열등감의 활용

한 개인이 열등감을 활용해 문제를 극복할 수 있다면
새롭고 긍정적인 결과를 이끌어 낼 수 있습니다.

열등감, 좌절 그리고 극복

아들러는 열등감을 자연이 인간에게 준 축복이라고 설명했습니다. 열등한 상황을 극복하고 우월한 상황으로 밀고 나가는 힘을 지닌 열등감은 인간이 지닌 잠재능력을 발현시키기에 충분한 자극제 및 촉진제의 역할을 합니다.

타인과의 비교를 통해서 자신의 약점을 알게 되고 한계를 느끼거나, 자신의 과거에 비해 현재가 열등하다고 느끼면 열등감이 작동합니다. 어떤 사람은 열등감을 견디지 못해 무시하거나 회피하는 반면에 어떤 사람은 열등감을 자신의 약점이라고 인정하고 이를 극복하고자 부단한 노력을 하는 경우도 있습니다.

역사적 인물들을 보면 자신의 열등감을 극복하고 우리 사회에 위대한 영향을 미친 사람들이 있습니다. 학력에 열등감이 있었지만 존경받는 미국 대통령이 된 링컨Abraham Lincoln이 좋은 예이죠. 링컨은 어린 시절 어려운 가정형편 탓에 제대로 된 교육을 받지 못했습니다. 주로 혼자 공부했고 책을 많이 읽었다고 합니다. 청년기에는 뱃사공, 가게 점원, 토지측량, 변호사 등의 다양한 직업 활동을 했다고도 합니다.

아들러는 오랜 역사에서 인간의 불안과 열등감을 극복하고자 노력했던 사례를 찾아볼 수 있다고 설명했습니다. 새처럼 하늘을 날 수 없다는 열등감이 인간을 우주로 갈 수 있게 했고, 허약한 신체나 장애를 지닌 사람의 열등감을 극복할 수 있도록 의약학과 공학이란 학문이 발전한 예를 보면 알 수 있습니다.

만약 열등감을 느끼고 이것을 극복하려고 노력하지 않았다면 우리는 하찮은 존재로 살고 있을 것이며 인류의 역사는 과거와 비교해서 조금도 발전하지 않았을 것입니다. 그렇기에 인간의 발달을 위해 무한한 에너지를 제공해주는 것이 바로 열등감입니다.

열등감 극복했을 때의 이득

열등감을 극복했을 때의 성공과 성취의 경험을 통해 우리는 자신의 열등감을 극복하고 완화하며 자연스럽게 새로운 긍정적 결과를 이끌어냅니다. 바로 성취감accomplishment, 자존감self-esteem, 유능감competence이라는 성공과 관련된 경험입니다

열등감을 극복하고 목적한 바를 이룬 사람은 우선 높은 성취감을 경험할 것입니다. 성취감은 자신이 계획하고 목표한 바를 해냈다는 성공경험인데요. 이러한 경험을 통해서 자신이 해낸 일에 관한 자부심을 느끼게 되고, 성공경험은 자신감의 원천이 될 것입니다. 성공 경험을 많이 해 자신감이 충만한 사람은 어떤 새로운 일이나 상황에서도 당황하지 않고 유연하게 대처할 수 있습니다.

둘째, 열등감을 극복하고 목적한 바를 이룬 사람은 높은 자

존감을 경험할 수 있습니다. 자존감은 경험을 통해서 높아지기도 하고 낮아질 수도 있습니다. 성공경험을 하면 성공했다는 확신감으로 인해서 자신에 관한 믿음과 존중이 생기고, 자신을 사랑하게 될 것입니다. 자기 확신은 직 · 간접적 학습과 실패경험 등에 의해서도 획득될 수 있지만 성공경험을 통해서 가장 잘 축적될 수 있습니다. 자기 확신이 강하면 어떠한 상황에서도 긍정적인 사고를 할 수 있게 되고, 타인의 말이나 행동에 쉽게 흔들리지 않게 됩니다. 이러한 경험을 바탕으로 훗날 어려운 사건이나 난해한 상황을 만나더라도 잘 헤쳐갈 수 있다는 확신감을 갖고 도전할 것입니다.

셋째, 열등감을 극복하고 목적한 바를 이룬 사람은 높은 유능감을 경험할 수 있습니다. 유능감은 어떤 일에 관해 잘 할 수 있다는 자신감과 유사한데, 우리는 누구나 성공과 유능감에 관한 욕구를 기본적으로 갖고 있습니다. 열등감을 극복하고 목적한 바를 이룬 사람은 자신의 유능감을 작동시켜 앞으로 다가올 다른 일에도 잘 할 수 있다는 자신감을 갖고 도전할 것입니다.

결국 현재의 성공경험은 밑바탕이 되어서 다음에도 열등감을 보상하려고 건전한 방향으로 노력할 것이고 목적한 바를 이룰 것입니다. 그 결과 그에 따른 성취감, 자존감, 유능감도 함께 높아져 선순환할 것입니다.

현대사회는 나와 세상, 사회와 또 다른 사회가 깊이 연결되어 있습니다. 행복한 삶을 만들어가는 자기실현을 위해서는 사회에 관한 폭넓은 관심이 필요합니다. 더불어 살아가는 현대사회를 만드는 데 필요한 돌봄, 관심, 도움, 공동체를 생각해야 합니다. 아들러는 인생의 주요 과제로 건강한 친구 관계, 직업에 성실히 임하기, 원만한 부부관계를 들고 있습니다. 이러한 주요 과제를 달성해나가는 과정에서 의미를 찾는 것이 바로 행복한 삶의 출발점입니다.

PART V

자신을 타인과 세상에 연결하는 것이 확장이다

확장된
자기를 형성

나 혼자가 아닌 타인과 연결되어 있다는 인식을 갖는 것이 풍요로운 삶을 살아가는 기반이 됩니다.

인간의 확장된 발달체계

오늘날 세계는 하나로 가까워지고 있습니다. 지구촌 차원의 사건들이 개인의 삶의 만족감과 질에 영향을 미치고 있는데요. 환경오염, 인구 폭발, 기아, 가뭄, 인권침해, 경제착취, 대규모 실업, 전염병, 전쟁에 이르기까지 다양한 사건이 한 지역에 국한되지 않고, 전 세계적인 문제로 발전되는 양상을 쉽게 찾아보게 됩니다.

이제는 지구 반대편에서 벌어지는 일도 나의 삶에 직접적인 영향을 미치고 있다는 것을 인지하게 되는데요. 우리 주변에 근접한 사건이나 상황만 볼 것이 아니라 세상을 넓은 범위로 볼 수 있는 눈을 가져야 하는 시대가 된 것입니다.

우리의 삶은 혼자의 힘으로만 이루었다고 단정할 수 없습니다. 영유아기 때부터 부모님의 훈육과 환경, 그리고 이 사회가 영향을 미치고 있었기에 사회와 상호작용을 하며 발전해 왔다고 말해도 과언이 아닙니다. 그렇기에 우리는 작은 일을 통해 큰 문제를 바라보고 개인 차원이 아닌 지역, 사회, 국가, 세계의 차원에서 당면한 문제를 생각해야 합니다.

오늘날 현대사회에는 세계적인 사건이 우리 주변의 일상생활과 삶의 질에 영향을 미치고 있습니다. 전쟁, 기아, 질병, 가난, 환경오염, 인구과밀, 인권침해, 경제착취, 실업, 자원에 관한 경쟁 모두가 지구촌에 있는 생활 생태의 한 부분입니다. 좁아지는 세계를 '생태학적 체계 이론ecological system'에서 찾아볼 수 있습니다. 브론펜 브레너Urie Bronfenbrenner는 환경과 인간의 상호작용을 중시했습니다. 그의 생태학적 이론은 생태를 미시체계, 중간체계, 외체계, 거시체계, 시간체계 이렇게 5가지로 나누고 있습니다.

미시체계는 유기체와 직접적인 상호작용을 하는 영역이며, 중간체계는 미시체계 간 연결 과정에서 생기는 관계입니다.

외체계는 유기체에게 간접적 영향을 끼치는 사회적 환경이며 유기체에 직접 참여는 없는 단계입니다. 거시체계는 중간체계와 외체계를 포괄하는 체계로 가치를 담고 있는데 관습, 규범, 국민성, 시대정신 등이 포함되어 있습니다. 마지막으로 시간체계는 변화에 따른 영향력을 의미합니다.

개인의 삶은 역사적으로 홀로 발전해온 것이 아니라 사회와 상호작용을 하며 발전해왔습니다. 그렇기에 국가가 경제적으로 어려우면 기업의 상황도 어려워지고, 기업 입장에서도 취업이나 사회공헌 같은 기회를 제공하지 않으며 결국 그 피해는 다시 개인에게 돌아옵니다.

이것이 우리가 이 사회에서 겪고 있는 심각한 문제입니다. 그렇기에 우리는 사소한 일을 통해 큰 문제를 바라볼 수 있어야 하고, 개인의 차원이 아닌 사회, 국가, 세계의 문제로도 확장시켜 생각해야 할 필요가 있는 것입니다.

자기실현과 사회적 관심

개인에게 있어 그들의 가정, 또래, 학교, 회사 등은 개인과 거리가 가까운 환경체계입니다. 이 환경의 변화는 개인의 일상에 많은 영향을 미치고 있습니다. 그러나 이러한 가까운 환경체계는 좁은 의미의 환경체계인 미시체계에 불과합니다. 오늘날 교통수단, 매스미디어, 인터넷 등의 급속한 발전으로 개인을 둘러싸고 있는 환경체계는 외부체계와 거시체계라고 말하기 힘들 정도로 가까워지고 있습니다. 그러므로 우리는 이제 미시체계를 벗어난 더 넓은 환경 체계변화에 관심을 가져야 합니다.

자기실현을 위해서는 우리 곁에서 일어나는 일에만 관심을 갖기보다는 자신을 둘러싸고 있는 지역, 사회, 국가, 지구촌의 일에도 관심을 가질 필요가 있습니다. '지구촌 시대'나 '세계화'라는 말은 이제 식상한 표현이 되었습니다. 우리는 정보화 시대에서 소통하며 살고 있기에 넓은 안목에서 세상을 바라보고 관점을 넓혀나가는 습관을 갖는 것이 필요합니다. 즉 사회와 상호작용하는 것은 자기실현에 중요한 첫걸음이 될 것입니다.

자기실현은 인간의 잠재되어 있는 능력을 최대한으로 발현하는 것입니다. 보통 자기실현은 자신이 잘할 수 있는 일이 무엇인지 찾는 과정을 통해 잠재성 및 능력을 발견하고 직업을 결정하는 것으로 연결됩니다. 그래서 우리는 보통 직업 활동을 통해 자기실현을 성취하게 되는 것이죠. 그러나 우리는 혼자 사는 존재가 아니기에 개인 중심적인 자기실현에 멈춰 있는 것이 아니라 타인과 공동체에서의 자기실현에 관해서도 생각해야 합니다. 능력에 중심을 둔 자기실현은 자칫 타인과의 경쟁만을 강조하게 되어 더불어 사는 사회에서 부정적으로 작용할 수도 있습니다. 따라서 생태학적으로 확장된 자기self를 형성해야 하는 이유가 여기 있습니다.

내 옆에 있는
소중한 친구

함께 살아가는 현대사회를 만들기 위해
돌봄, 관심, 도움, 공동체를 생각할 때입니다.

돌봄과 관심이 필요

태어날 때부터 발달적으로 불완전한 기능을 가진 아이가 그 문제를 제대로 이해한 보호자나 교수자의 돌봄을 받음으로써 어려움을 극복해가는 경우를 종종 볼 수 있습니다. 이러한 사실을 근거로 아들러의 개인심리학은 원형archetype이 되는 어린 시절의 열등감에 맞서는 방법을 찾는 데 주력합니다.

돌봄caring이라는 것은 그 방법에 따라 아이들이 어떻게 자라느냐에 관해 큰 영향을 미치기 때문에 올바르게 아이들을 인도하는 것이 중요합니다. 아들러는 실수를 저지른 아이들을 결코 비난하거나 처벌해서는 안 된다고 설명했습니다. 만약 실수를 저질렀다면 그들이 겪는 열등감의 원인과 어려움이 무엇인지 알아야 하고, 이를 통해 해결해야 합니다. 이는 아이에게만 국한된 것이 아니라 성인에게도 마찬가지입니다.

아들러는 유년기 시절에 병약함과 열등감을 경험했습니다. 그러나 아버지의 관심과 지원을 통해서 이를 극복할 수 있었죠. 그리고 제1차 세계대전 동안에는 전쟁을 경험하면서 사회적 참여의 중요성을 깨닫게 되었습니다. 그렇기에 아들러는 돌봄과 관심을 바탕으로 인생에 의미를 부여하는 것이 중요하다고 설명했습니다. 즉 돌봄과 관심을 통해서 자신의 한계를 직면하고 자기 가치를 확인해야 한다는 뜻입니다.

우리는 누구나 나약한 부분을 갖고 있고 열등감을 가지고 있습니다. 그것을 올바르게 극복하기 위해서는 타인의 돌봄이 필요합니다. 또한 주변의 타인에게 관심을 갖고 도움을 주는 것은 나 자신을 확인할 수 있는 좋은 수단이 되기도 합니다. 오늘날 자신 이외의 주변에 관심이 줄어들고 있는 현실에서 외로움과 우울을 극복할 수 있는 요소로도 돌봄과 관심은 중요합니다. 돌봄과 관심은 사회적 환경과 타협하고 협동하는 노력의 시작이기 때문입니다.

아들러는 심리치료psychotherapy와 예방적 활동을 강조함과 동시에 아들러 역시 심리치료와 예방활동에 적극적으로 참여했습니다. 어린 시절에 자신의 열등감을 극복할 수 있었던 것이 아버지의 도움과 지지 덕분이었다는 것을 잘 알고 있었기 때문입니다. 개인이 열등감을 극복할 수 있는 가장 효과적인 방안은 타인의 도움입니다.

타인에게 도움을 주는 방법은 물질적 지원과 행동적 지원, 이 2가지를 쉽게 떠올려 볼 수 있습니다. 지역사회에서 자원봉사 활동을 하거나 모금 활동에 참여하는 것도 사회적 관심을 바탕으로 도움을 실천하는 좋은 방법일 것입니다. 사회적인 관심을 갖고 타인에게 정서적 지지를 하는 것도 도움의 예입니다. 외로움과 각박함이 퍼져 있는 현대사회에서 서로에 관한 도움은 더욱 절실히 필요한 요소인데요. 사회적 관심은 도움을 통해 사회발전을 위해 희생과 기여로 연결되어 갑니다.

베푸는 공동체 감각

아들러는 타인에게 베풂으로써 공동체 감각이 형성된다고 설명했습니다. 공동체는 유대감을 공유하며 공동의 생활공간에서 상호작용하는 집단을 뜻합니다. 우리는 사회적 존재이기에 공동체를 이루어 살고 있습니다. 어린 시절 가족과 함께 생활하면서 보이던 약점은 성인이 되어 사회적 삶에서 보여주는 약점과 유사하죠. 어떤 사람이든 특정 상황에서 자신이 무능력하다고 느낄 수 있습니다. 이러한 경우에는 삶의 어려움에 압도되어 혼자서는 도저히 문제를 해결해 나갈 수 없기에 집단을 형성해서 사회의 일원으로 살아가야 합니다. 그렇기에 우리는 더불어 살아야 합니다. 결국 자신의 나약함이 사회적 삶의 출발점임을 기억해야 합니다.

그러나 살다보면 공동체 의식이 부족한 사람을 만나게 됩니다. 공공장소에서 자신의 아이와 타인의 아이가 떠들 때의 태도가 다른 사람, 자원을 아껴서 사용해야 한다는 것에는 동의하지만 공공의 재산을 과소비하는 사람, 공동체를 영위하기 위해 꼭 필요한 시설이라는 것에는 동의하면서도 자신이 사는 지역에는 그 시설이 들어오지 못하도록 하는 예에서 이러한 경우를 볼 수 있습니다.

공동체 의식이 부족하다는 것은 조화로운 생각, 집단의 이익과 권위에 관한 존중이 부족하다는 것을 뜻합니다. 아들러의 관점으로 보았을 때 이상적인 공동체 생활은 각자의 우월성 목표와 높은 수준의 사회적 감정이 결합했을 때 가능합니다. 그렇듯 공동체를 유지하기 위해서는 개인과 집단의 이익 및 권위도 함께 존중해야 합니다. 이를 위해서 공동체의 발전을 염두에 두며 조화롭게 생각하고 행동해야 할 것입니다.

일과
그 일의 진정한 가치

일을 한다는 것은 직업 그 이상의 의미를 갖고 있습니다.
일은 자신의 존재를 세상과 연결하는 끈과 같습니다.

삶에 의미를 부여하는 직업

우리는 삶을 영위하기 위해서 일을 하며 살고 있습니다. 일은 삶을 영위하는 데 필요한 행위로 단순히 경제적인 이익뿐만 아니라 개인의 목표 달성을 통해 느끼는 성취감일 수도 있고, 자기성찰의 기회가 되기도 합니다. 사람마다 직업을 갖는 목적은 다르지만 누구나 직업을 갖고 일을 해야 합니다. 일을 한다는 것, 직업을 갖는다는 것은 우리에게 살아갈 가치를 제공하는 것입니다.

아들러는 삶을 영위하기 위해 자신에게 부과되는 일을 한다고 설명했습니다. 일을 하면서 자연스럽게 타인과 접촉하게 되고 협동하는 법을 배우게 되는데요. 어느 누구도 이를 피해갈 수는 없습니다. 타인과의 접촉과 협동하는 법을 배우는 것은 우리 모두에게 있어 중요합니다.

주어진 환경에서 자신이 바라는 것, 기능한 것, 해야 하는 것을 실천하는 것을 직업 활동이라고 합니다. 그런 의미에서 직업 활동은 개인과 환경의 연결이자 개인과 타인의 접촉입니다. 그렇기에 직업을 단순히 돈벌이 수단이라고만 여기는 것은 옳지 않습니다.

직업 활동은 여러 사람이 모여 있는 공동체 안에서 자신의 의미meaning를 찾는 수단이 됩니다. 다양한 사람과 접촉하면서 자신의 가치를 파악하는 수단이 되기도 합니다. 또한 여러 사람이 모여서 하나의 결과물을 만들어나가는 협동체의 의미를 갖기도 하는데요. 타인과 협력해 결과물을 만드는 과정에서 시야를 넓힐 수 있고, 혼자가 아닌 전체를 생각해 볼 수 있는 기회를 제공한다는 점에서 직업 활동의 의미를 찾아볼 수 있습니다.

개인의 행복happiness은 그 사람을 둘러싸고 있는 물리적인 환경 그 자체에서 얻어지는 것이 아닙니다. 행복은 그 환경에 관해 심리적인 의미를 어떻게 부여했는가에 의해서 결정됩니다. 우리는 의미를 부여함으로써 물리적인 환경을 심리적인 환경으로 구성해 이해하는 존재입니다. 그렇기에 자신의 삶에 어떤 의미를 부여하는 것은 중요합니다. 특히 긍정적인 의미를 부여하는 것은 행복한 삶을 영위하기 위한 선행 조건이 되는데요. 의미를 부여하는 것은 새로운 관점에서 재구성해 이해하는 능동적인 과정이기 때문입니다. '능동적인 재구성'을 하기에 가장 적합한 삶의 영역이 바로 일과 관련된 영역입니다. 의미부여는 자신이 하고 있는 일이 타인, 다른 세계, 다른 일과 연결되어서 소중한 가치를 발견하게 해준다는 점에서 개인의 삶을 풍요롭게 해줄 것입니다.

아들러는 개인의 문제에 관해 소속 집단에서 자신이 가치 있는 존재로 받아들여지지 않을 것이라는 두려움과 불안에서 비롯된다고 설명했습니다. 그래서 아들러는 신경증, 정신병, 우울증 등 정신적 문제를 가진 사람을 보면 그들에게는 공동체감이 부족하다고 설명했습니다. 즉 타인의 가치를 느끼지 못하고 그것을 해결하고자 하는 의지와 능력이 없다는 말입니다. 반대로 말하자면 우리의 존재가치는 누군가에게 공헌해야 느낄 수 있다는 것입니다.

삶에 의미를 부여하면 삶의 가치를 발견하게 됩니다. 작고 하찮게 여기던 일이라도 의미를 부여하게 되면 심리적으로 재구성되면서 세계와 어떻게 연결될 수 있는지 보이게 되며 소중한 일이라는 것을 알게 됩니다. 예를 들어 타인이 보기에 작은 일이라도 자신이 즐겨하는 취미는 자신에게 소중한 일인 것입니다.

바쁜 나날에서 취미를 갖는다는 것은 그 일에 의미를 부여하고 삶에서 가치를 부여한다는 것입니다. 취미생활은 자신의 삶을 영위해 나가는 데 있어서 경제적인 보탬이나 현실적인 도움이 되지 않은 것일 수도 있습니다. 그러나 개인이 의미를 부여한 그 작은 취미가 그 사람의 삶 전체를 여유롭고 윤택하게 만들 수 있는 것입니다.

일과 균등한 기회

일을 한다는 것은 누구나 동기가 있다는 뜻이 담겨져 있습니다. 우리는 자신을 움직이는 동기와 타인과 함께하고자 하는 동기를 하고 있는데요. 일은 이러한 우리의 동기를 펼쳐 보일 수 있고 능동성을 보일 수 있는 좋은 기회가 됩니다.

직업을 갖고자 하는 욕구는 타인과의 과도한 경쟁으로 표출되는 경우가 많습니다. 취업의 문은 좁은데 그 문을 통과하려는 사람은 많기 때문인데요. 직업을 갖는다는 의미는 단순히 경제적인 활동을 통해서 금전적인 보상만을 취하려는 것만은 아닙니다. 자신을 표현하고 움직일 수 있는 장을 마련하는 것이면서 동시에 타인과 어울릴 수 있는 장으로 진입한다는 의미를 갖고 있습니다. 따라서 사람이라면 누구나 직업을 가져야 합니다.

일, 즉 직업은 우리에게 주어진 다양한 문제를 해결하는 것입니다. 그렇게 우리 인류는 주어진 일을 하는 과정에서 분업이라는 위대한 발견을 이루었습니다. 분업으로 인해 우리는 공동의 복리를 이룰 수 있게 되었고, 협동 정신으로 사회 구성원 모두가 발전할 기회를 증대시키게 되었습니다. 우리는 사회와 공동체 안에서 모두가 똑같이 공동의 행복과 이익을 위해 일해야 합니다.

직업의 가치

직업은 한 사람의 삶의 질과 방향을 결정할 수 있고,
나아가 인류 공헌을 위한 밑거름이기도 합니다.

일의 공헌

인류가 오늘날처럼 발전해온 것은 수많은 사람의 노력이 있었기 때문입니다. 개인이 맡은 일을 착실히 하는 것이 중요하고, 이러한 힘들이 모여서 인류 발전에 공헌한 것입니다. 이러한 의미에서 어떤 일이 사회적으로 바람직하고 생산적이라면 그 가치는 충분히 있다고 생각합니다.

아들러는 직업 활동을 통해 개인이 삶의 터전 안에서 행동하고 주변, 사회, 인류에 영향을 줄 수 있다고 설명했습니다.

개인과 지구, 개인과 타인 간의 인연은 직업 활동이 갖는 역할과 의미들을 설명하는 초석이 된다는 뜻입니다. 우리는 누구나 강점과 약점을 동시에 가지고 있습니다. 직업 활동을 한다는 것은 우리의 강점으로 약점을 보완한다는 뜻입니다.

아들러는 인간이 누군가에게 공헌할 수 있을 때 그 존재가치가 빛난다고 설명했습니다. 타인에 관한 공헌은 직업을 통해 실현가능한 일입니다. 일의 가치는 개인에게 있어서 존재가치를 확인하는 것이기에 인류 전체적으로는 공동의 복리증진에 기여하는 것이 됩니다. 결국 우리의 직업 가치는 우리의 직업이, 우리가 하는 일이 얼마나 인류에 공헌하는지에 달려 있다는 뜻입니다.

직업은 개인의 생명을 유지하고 인생을 영위해 나가는 데 있어서 필수적인 요소입니다. 한 명 한 명이 자신의 인생을 영위해 나가고, 그들의 공헌이 모여서 공동체의 지속으로 연결됩니다. 자신의 약함, 열등감, 한계, 불완전함에 관해 직업을 통해서 보완하고 극복할 수 있습니다. 이러한 과정에서 우리는 행복을 추구할 수 있으며 이렇게 행복을 추구하는 것이 우리 주변 사람의 행복 추구와 연결되어 갑니다.

나와 내 가족, 내 주변의 사람, 그리고 지역사회에 공헌할 수 있는 직업을 찾으려는 노력이 필요합니다. 사회와 인류에 공헌할 수 있는 직업을 찾으려는 노력은 자신의 개성을 개발하고 반영할 수 있는 방법이기 때문입니다.

자신의 직업에 성실하게 임해야 한다

직업은 한 사람의 삶의 질과 방향을 결정할 수 있는 중요한 역할을 합니다. 직업은 인류 공헌뿐 아니라 자기실현의 기능도 하게 되는데요. 여기서 한 가지 생각해 볼 문제는 어떤 직업을 가질 수 있느냐에 관한 기회가 공평하게 주어지지 않는다는 것입니다.

경쟁사회에서는 표면적으로는 열심히 노력하는 사람이 그에 응당한 대가를 받는 것처럼 보이지만, 실제로는 순수 경쟁을 방해하는 많은 요소가 현실에 있습니다. 출발점이 다르기에 공정한 경쟁의 장은 마련되지 않고, 이는 기회의 불평등으로 이어지게 만듭니다. 가진 것의 불평등보다 더욱 큰 문제는 바로 기회의 불평등, 불공정입니다.

경제적인 문제로 인해 가족 간에 다툼이 있고, 심지어 자녀가 부모를 살해하는 패륜 범죄까지도 뉴스를 통해 심심찮게 접할 수 있습니다. 우리 사회는 자본주의, 즉 시장경제체제로 사유재산을 헌법에서 보장하고 있습니다. 자유경쟁의 사회에서 사람들은 자신의 능력을 최대한 활용해 많은 돈을 벌기 위해 노력하죠. 때로는 돈을 벌기 위해 불법적인 노력을 하기도 합니다.

그러나 사람의 가치는 돈으로 정할 수 없습니다. 돈 때문에 사람이 죽고 산다면 그 사회는 건강한 사회가 아니며 사회에 속한 개인의 입장에서도 결코 행복한 삶이라고 말하기 어렵습니다. 다른 가치보다 돈을 우선시해 쫓는 것은 불행한 일이라고 생각합니다. "돈이 얼마나 있어야 만족을 할 수 있을까?"라는 의문도 생기는 것이 바로 이 시점이죠.

그렇기에 우리는 직업을 구할 때 경제적인 측면만을 고려하지 말고 직업에 관한 가치를 따져봐야 합니다. 직업을 통해서 돈을 일차적인 목적으로 하기보다는 나를 위해 내 주변의 사회와 인류를 위해 공헌하겠다는 직업의식-직업정신-성실함이 자신의 개성이 되어야 합니다. 그럴 때 비로소 건강한 자신과 바람직한 사회가 구축될 것입니다.

건강한 부부관계

서로 다른 두 사람이 만나서 이루어진 결혼은
평등, 협동, 상보적 관계에서 출발해야 합니다.

결혼, 상호보완적인 관계

아들러는 사랑과 결혼의 문제에 관해 여러 제안을 했습니다. 먼저 사랑하는 사람 간의 관계에서 얼마나 협력할 수 있는지에 관해 설명했습니다. 아들러는 가까운 관계를 확인하는 첫 번째 경험이 사랑love과 결혼marriage이라고 했습니다. 그러한 가운데 사랑과 결혼은 두 사람의 협력을 전제로 하며 함께 풀어나가야 하는 숙제라고 했습니다. 즉 사랑은 배우고 익혀야 하는 기술임을 뜻합니다. 그렇기에 결혼으로 성취되는 사랑은 이성의 반려자를 향한 가장 친밀한 헌신이자 그 사랑은 서로에게 육체적인 매력을 느끼는 것, 동반자임을 의식하는 것, 자녀를 갖는다는 결연한 의지에서 표명됩니다. 더 나아가 사랑과 결혼은 두 사람의 행복만을 위한 협동뿐만 아니라 전 인류의 행복을 위한 협동의 한 측면이기도 합니다.

유사한 가치관이나 성격, 취미를 가지고 있다면 함께할 수 있는 일들이 많아질 것입니다. 예를 들어 바다를 좋아하는 남편과 산을 좋아하는 아내가 있다면 서로 가고 싶은 곳에 가자고 할 것이고, 상대가 선택한 곳에 가더라도 만족하지 못할 것입니다. 그러나 바다를 좋아하는 부부라면 여행지를 함께 바다로 정할 것이고, 산을 좋아하는 부부라면 마찬가지로 산을 향해서 출발할 것입니다.

그렇기에 결혼에서의 동질혼homogamy은 서로의 협동을 용이하게 해줍니다. 유사한 가치관이나 성격, 취미 등을 가지고 있다면 당면한 문제의 결정을 내림에 있어 유사한 의견을 제시할 것입니다. 이는 서로 간에 큰 의견 다툼 없이 문제를 해결할 수 있다는 뜻입니다.

반대로 생활 패턴의 차이처럼 사소한 것이나, 종교, 가치관의 차이처럼 하나의 인격을 형성하는 요소의 차이는 두 사람의 협동을 방해할 수밖에 없는 상황을 가져올 것입니다. 그렇다고 해서 문제를 남편 혼자 혹은 아내 혼자서 해결하는 것 또한 바람직한 선택이 아닙니다. 여기서 중요한 것으로 이질적인 관계는 새로운 방식의 협동을 이루어낼 수 있다는 것인데요. 서로 다른 생각을 가지고 있는 두 사람이 만나 자신이 생각하지 못한 것을 상대에게서 배울 수 있고, 그것에 공감해 새로운 하나의 가치관을 가질 수 있다는 뜻입니다.

이것이 바로 상호보완적 관계입니다. 사랑하는 두 사람은 결혼으로부터 상호보완적인 관계complementary relation를 형성할 수 있어야 서로에게 가치를 느낄 수 있습니다. 우리는 상호간의 사랑으로부터 성장합니다. 장기적으로 주기만 하는 사랑, 받기만 하는 사랑은 그다지 서로에게 매력적이지 않습니다. 그렇기에 결혼은 상호보완적인 관계 형성으로 나아가야 합니다.

협동과 노력, 그리고 행복

결혼 하는 것 그 자체만으로 행복을 보장할 수 없습니다. 중요한 요인은 결혼생활을 어떻게 하느냐인데요. 서로 다른 환경에서 자라온 두 사람이 만나서 부부가 되어 같은 환경에서 시간을 보낸다는 것은 분명 어려운 일입니다. 그렇기에 부부가 긍정적인 상호작용을 하고 정서적 표현을 더 많이 할 때 결혼생활이 행복한 삶과 연결될 수 있습니다.

상호 신뢰trust와 정서적 친밀감intimacy, 그리고 삶에 관한 관심과 개방은 우리의 행복한 삶과 연결되는 조건입니다. 무엇보다 관심과 신뢰, 정서적 친밀감을 지속적으로 형성하는 것이 중요합니다. 만족은 저절로 얻어지고 이어지는 것이 아니라 지속적인 노력에 의해서 가능하기 때문입니다.

상호 노력하는 부부는 자신과 함께 상대를 배려할 수 있는 부부입니다. 이 경우의 부부는 장기적으로 결혼에 관한 행복과 만족을 높게 말할 것입니다. 반대로 그렇지 않은 부부를 보면 상대한 배려를 보기 어렵습니다. 이 경우의 부부는 장기적인 결혼에 관해 행복과 만족이 그다지 높지 않다고 말할 것입니다.

사랑과 결혼은 상호 간의 소통, 신뢰, 의지, 존중, 평등으로 대변되는데요. 서로 부족한 부분을 채워주고 좋은 일, 속상한 일을 함께 겪고 이겨내며 믿고 의지하는 것이 만족스러운 결혼생활의 밑거름이 될 것입니다. 서로 다른 환경에서 다른 교육을 받고 다르게 성장한 두 사람이 만나서 이루어진 결혼은 두 사람의 평등, 협동, 상호보완적 관계에서 출발해야 합니다.

사랑과 결혼이 단순히 나와 반려자만의 협동이라고 생각할 수 있는데 그러나 아들러는 사랑과 결혼이 인류의 복리를 위한 협동이라고 설명했습니다. 즉 결혼을 개인의 관점에서 설명한 것이 아니라 인류 전체의 관점에서 설명하고자 했습니다. 행복한 결혼은 지금 이 순간만을 위하는 것이 아니라 오랫동안 행복하고 만족하며 이어져야 하는 것이 중요합니다. 왜냐하면 사랑과 결혼은 인간의 보편적인 행위이기 때문입니다.

서로를 존중하는 동등한 부부

부부간 존중에 관한 의미, 그리고
부부간 동등함에 관한 의미를 성찰해 볼 필요가 있습니다.

부부간 존중, 그 의미와 중요성

부부간에 존중한다는 의미는 상대에 관심을 기울이고 상대를 가치 있는 단 하나뿐인 존재라고 여기는 것입니다. 부부는 존중respect으로부터 행복이 시작되고 이로 인해 행복한 결혼생활이 지속된다고 말해도 과언이 아닌데요. 존중은 부부간의 동등한 관계를 형성하고 발전시키는 데 있어 중요하며, 동등한 관계의 부부는 충만한 삶을 함께 할 수 있는 진정한 인생의 동반자이기 때문입니다.

아들러는 부부가 삶을 기쁘고 풍성하게 만들기 위해서 서로 간에 노력해야 하고, 서로를 필요로 하며, 가치 있는 존재로 느껴야 한다고 설명했습니다. 어느 한 사람이 다른 한 사람을 지배하고 강제적으로 복종시킨다면 두 사람은 머지않아 불행해질 것입니다. 열등한 입장에서 분노나 불쾌감을 느끼지 않을 사람은 없습니다.

이처럼 부부관계에 있어 평등은 중요합니다. 부부간 평등한 관계는 부부나 부모, 자녀에게 문제가 발생했을 때도 그 일을 해결하기 위해 서로 소통하고 노력할 수 있는 기회를 마련해 줄 것입니다.

존중의 힘도 대인관계를 유지하는 데 있어 중요한 요소입니다. 아무리 가까운 사이라고 하더라도 상대를 존중하지 않는다면 그 관계는 깨지기 십상이죠. 하물며 인생의 동반자가 되어야 할 부부간 존중은 더 중요합니다. 평생을 다른 환경에서 살아온 두 명이 모든 것을 함께함에 있어 생활방식이나 가치관, 무엇 하나 강요할 수 없습니다. 부부간에 '틀린 것' 이 아니라 '다른 것'에서부터 시작해야 합니다. 다시 말해 다름을 인정하고 존중해야 행복할 수 있습니다.

부부싸움을 하다 보면 서로 감정조절이 안 되고 평행선에서 싸우는 경우를 종종 보게 됩니다. 남편은 아내가 자신을 인정하지 않고 무시한다고 생각이 들어서 목소리를 높이며 화를 내는 모습을 보게 되는데요. 반대로 아내는 남편이 자신의 얘기를 듣고 있지 않다고 느껴 속상해합니다. 이러한 예를 보면 부부간 오해와 갈등은 다름이 틀린 것이 아니라 다름에서 비롯되었다는 것을 알 수 있지만, 이를 인정하지 않고 부부간 다툼이 발생합니다. 이 다툼이 길어지면 부부관계에 관한 의미를 잃어버리게 될 것이고, 결국 인생의 큰 상처가 될 것입니다.

만약 서로를 존중하지 못해 한쪽이 종속되는 관계가 된다면 평생 살아왔던 생활 방식이나 가치관이 무너져 열등적인 존재로 전락할 것입니다. 결국 서로에게 의지할 수 없는 관계가 되어버리겠죠. 그렇기에 서로의 다름은 부부간 맞춰갈 기회의 장이지 갈등의 요인이 아닙니다.

평등, 그 의미와 중요성

부부간 존중이 확고하게 자리를 잡게 되면 자연스레 평등함을 확보할 수 있습니다. 존중받지 못하고 평등하지도 않은 관계에서 상대적으로 열등해진 한쪽은 결코 행복할 수 없습니다. 이러한 관계는 무너지게 될 것입니다.

지금까지 살아오며 가지고 온 가치관이나 생각, 생활패턴을 인정하지 못하고 무시하거나 나무라는 태도를 보인다면 나 또한 타인에게 존중받기 어렵습니다. 반대로 나를 존중해주는 상대를 나도 함께 존중해야 합니다. 그 존중을 기반으로 평등한 위치에서 서로에게 헌신해야 합니다.

아들러는 모든 관계에 관해 대등하다고 설명했습니다. 그 중에서도 특히 부부관계는 동등한 동반자 관계이자 두 사람이 하나가 되는 관계라고 설명했습니다. 그만큼 동등한 위치에서 서로를 존중하는 것이 중요합니다.

만약 남성이든 여성이든 어느 한쪽이 결혼한 후에 상대를 정복하려고 한다면 결과는 치명적일 것입니다. 동등한 위치에 있으려면 둘 중 어느 한쪽이든 상대를 정복하려는 마음을 가져선 안됩니다. 결혼이란 상대를 정복하는 것이 아닙니다. 애초에 정복하려는 마음을 가지고 있다는 것은 결혼할 준비가 되어 있지 않은 상태에서 결혼하는 것을 뜻하는 것일 수도 있습니다. 결혼 후에 그 둘의 관계에 파국을 불러일으킬 가능성이 높아질 것입니다.

부부간 동등함은 자녀 교육이라는 측면에서도 중요한데요. 아들러는 아이의 질문에 대충 얼버무리지 말 것, 아이에게 거짓을 말하지 않을 것, 아이 질문에 어떤 의도가 있는지를 정확히 이해할 것, 아이가 이해할 수 있도록 설명해줄 것을 강조했습니다.

이처럼 아이를 둘러싸고 있는 환경이 그 아이의 관념 속으로 파고들어 가기 때문에 부부간 존중하는 태도는 자녀가 자라면서 더 중요해집니다. 부부간에 동등함을 보여주는 것만으로도 자녀에게 좋은 교육일 것입니다. 그렇기에 사랑하는 사람 간에 존중과 평등은 매우 중요합니다.

인생에서의 주요 과제

과제 달성의 성공과 실패 여부에 주목하기보다는
그 과제를 수행하는 과정 중의 배움에 집중해야 합니다.

인생의 기본 과제

아들러는 한 개인이 상대의 삶에 자신이 필요하다는 것을 느낄 때 강한 삶의 보람을 느낀다고 설명했습니다. 사랑하는 사람에게 자신의 존재가 삶의 보람까지 확장된면 얼마나 좋을까요! 사랑을 느끼면서 진전이 없는 이유에 관해 아들러는 늘 마지막이 되면 인생의 과제에서 도망치려는 심리가 작동하기 때문이라고 설명했습니다. 만약 사랑에 성공하려면 두 사람에게 사랑이 주어진 과제임을 먼저 인정해야 할 것입니다.

아들러는 인간이 자신의 인생에서 직면하게 되는 기본적인 과제가 있다고 설명했습니다. 이 과제를 성공적으로 해결하면 인간은 행복하게 살 수 있다는 뜻인데요. 아들러는 인생의 과제를 일(직업과제), 우정(교우과제), 사랑(애정과제)과 자기, 영성을 추가해 모두 5가지로 설명했습니다.

우리는 직업을 갖고 있으며 일의 과업을 충족해가고 있습니다. 직업을 가진다는 것은 삶의 유지와 직접적인 관련이 있기에 더욱 중요한데요. 일이라는 과업을 성공적으로 수행하려면 자신의 직업을 정할 때 적성과 능력을 고려해 선택하는 것이 중요합니다. 그리고 우리는 항상 여러 곳에 소속되고 우정을 느끼며 사는데요. 우정이라는 과제를 성공적으로 해결하려면 상대를 이해하고 배려하며 존중하는 태도를 가져야 합니다. 우리에게 있어서 우정만큼 사랑도 행복의 필수조건이 됩니다. 태어나서는 가족의 사랑을 받고 자라며 이성과의 사랑을 통해 결혼해 자녀를 양육하며 저마다의 사랑의 과제를 충족시키고 있습니다.

아들러가 언급한 인생에서의 과제인 일, 우정, 사랑 모두 대인관계와 관련된 것이며, 이는 누구나 한 번씩은 걱정하고 고민했을 문제입니다. 이 문제에 신경쓰는 이유는 이 과제의 성공이 자신의 행복과 직접적으로 연결되어 있기 때문입니다. 자신의 과제를 성공적으로 수행하려면 충실히 계획하고 실천에 옮기려 스스로 노력하는 태도가 필요합니다.

여기서 한 가지 더 생각해봐야 할 점은 타인의 인생 과제에 관해서도 자신의 인생 과제처럼 생각하는 사람이 있는데요. 아들러는 상대의 과제에 책임감을 느끼지 말고, 선을 긋고 분리할 것을 주장하며 이를 '과제의 분리'라고 설명했습니다.

요즘 현대사회에서 과제의 분리가 되지 않고 있는 대표적인 예가 부모자녀 관계일 것 같습니다. 자녀의 일을 대신해 주려고 하는 부모를 주변에서 볼 수 있습니다. 자녀가 학교생활 가운데 스스로 할 수 있는 숙제도 부모가 지나치게 관여해 하나하나 해결해주려고 합니다. 대학생이 된 자녀의 학점 관리도 대신 해주려고 하고, 취업한 자녀의 직장생활에도 관여하려고 하고, 심지어 자녀의 결혼에도 지나치게 관여해 배우자 선택에까지 영향을 끼치는 부모를 볼 수 있습니다.

그러나 부모는 자녀에게 격려와 용기를 부여해 과제를 해결하도록 돕는 대신 자녀 스스로 할 수 있도록 지켜보고 기다려 줄 필요가 있습니다. 계속해서 과제를 대신 해주면 이에 익숙해진 자녀는 나중에 커서도 자립이 불가능해지고, 자신의 행복을 직접 찾지 못하고 누군가가 대신 찾아주기만 바라게 될 것입니다.

과제에서 성공과 실패

우리는 자신의 일, 우정, 사랑이라는 과제를 성공적으로 이루고자 원합니다. 누구나 과제의 성공을 원하고 실패를 두려워하죠. 그러나 누구에게나 실패할 확률은 존재합니다. 어떤 사람은 실패를 두려워한 나머지 실패하더라도 타격이 없도록 성공이 보장되는 일만 도전하기도 합니다.

또 어떤 사람은 인생의 과제를 회피하고 자신의 과제가 실패하는 것을 정당화하기 위해 핑계를 만드는 데 집중하기도 합니다. 이와 유사한 의미로 아들러는 열등감 콤플렉스를 사용했습니다. 즉 "00 때문에 00을 할 수 없다."라는 말을 일상생활에서 자주 사용하는 사람이 여기에 해당합니다.

또 실패를 두려워한 나머지 자신의 한계를 스스로 미리 설정해놓기도 합니다. 요새 흔히 말하는 계층 간의 한계를 설명하는 예로 '금수저, 은수저, 흙수저' 라는 표현처럼 자신의 한계를 미리 정해놓고 도전하지 않는 경우를 볼 수 있습니다. 심지어 이젠 "개천에서 용이 나지 않는다."라고 말하며 실패를 두려워한 나머지 자신의 한계를 미리 설정해 놓고 도전하지 않습니다. 이는 실패에 관한 두려움이 크기 때문인데요. 실패에 관한 두려움이 커서 도전하지 않는 것이 지속되면 발전이 없는 삶이 될 것입니다. 실패를 통해서 여러 가지를 얻고 성공하는 법을 스스로 배워나 갈 때 진정한 삶의 주인이 될 수 있고, 삶의 만족을 느낄 수 있는 기회 또한 주어질 것입니다. 도전하는 과정에서 실패를 통해 얻은 것이 많다는 것에 관해 알고 있을 것입니다. 도전은 결국 성공의 밑거름이 되는 것입니다.

긴장감,
위험요소

긴장감을 두려워 피할 것이 아니라 즐겨야 할 필요가 있습니다. 긴장감은 삶의 질을 향상하는 데 필수적이기 때문입니다.

긴장감이란

사람은 누구나 긴장감tension을 느낍니다. 원인을 아는 긴장감도 있고, 원인 모를 긴장감도 있습니다. 긴장을 하게 되면 동공이 확대되고, 심장 박동수가 빨라져 얼굴이 붉어지고, 숨이 가빠지면서 심하면 근육이 긴장되어 몸이 부들부들 떨리기도 합니다. 중요한 발표를 해야 하는 자리에서 말을 더듬거리는 이유 역시 긴장했기 때문입니다. 이러한 긴장 상태는 우리의 일상을 부자연스럽고 불편하게 만들기도 합니다. 긴장감은 마음을 조이고 정신을 바짝 차리는 것, 정서나 분위기가 평온하지 않은 상태, 근육이나 신경중추의 지속적인 수축, 그리고 흥분상태를 뜻합니다. 무언가를 다시 하거나 새로 시작하는 것, 꼭 해야 하는 일, 위험한 일 등을 할 때 우리는 긴장감을 느끼곤 합니다.

아들러는 부적응적인 증상을 자신에 관한 이해가 부족하기에 긴장감이 나타난다고 설명했습니다. 자신을 모른다는 것은 스스로의 열등감과 가상적인 목표를 제대로 이해하지 못하고 있다는 것을 뜻합니다. 결국 자신의 부족한 부분과 추구하는 목표 사이의 간극을 제대로 인식하지 못하는 지점에서 긴장감이 유발되는 것입니다.

일반적으로 긴장감은 우리에게 부정적인 의미로 받아들여지곤 하는데요. 긴장감은 실제로 일이 생기기 전에 걱정하게 해 정상적인 생활을 하지 못하도록 만들기 때문입니다. 긴장이라는 단어를 주로 언제 사용 하는지 생각해보면 수많은 청중 앞에서 중요한 발표를 앞두고 있을 때, 각종 스포츠의 결승전에 입장하는 선수를 볼 때, 사랑하는 사람에게 처음으로 마음을 전할 때 등을 떠올릴 수 있습니다. 즉 긴장감이란 특정한 순간을 앞에 두고 느끼는 비장함, 공포, 흥분, 떨림을 모두 포함한 개념이기도 합니다.

또한 긴장감은 사건이 중요할수록, 그리고 그에 관한 대비가 부족할수록 크게 다가옵니다. 이러한 긴장이 심각해지면 심각해질수록 공포증과 관련될 수 있습니다. 사회공포증 같은 공포증의 원인 중 하나가 긴장감입니다.

긍정적인 긴장감

긴장감은 사람에게 필요하기도 하고 긍정적이기도 합니다. 일하다 보면 과업수행에서 긴장감은 필수적입니다. 긴장감이 없다면 주어진 과업을 제대로 수행할 수 없을텐데요. 적절한 긴장감은 집중력을 발휘하고 유지하도록 만들어 줍니다. 뛰어난 실력이 있더라도 집중하지 않고서는 문제를 해결하기 어려울 때가 있습니다. 적절한 긴장감은 자신의 실력을 발휘하도록 도와줄 것입니다.

뿐만 아니라 긴장감은 자신에 관해서 파악할 기회를 제공해 줍니다. 긴장감을 느낄 때가 자신의 취약한 부분을 알아차리는 때라고 하겠습니다. 긴장감은 우리가 위험 상황에 대비하고 대처하게도 만듭니다. 긴장감을 통해 주변에 도사리는 위험에 관해 인지할 수 있고, 위험이 닥쳤을 때 적절히 대처할 수도 있게 도와줄 것입니다.

일상에서 긴장감이 없어서는 안 되겠지만 지나쳐서도 안 될 것입니다. 과도한 긴장감은 우리의 일상에 부정적이기 때문인데요. 그렇기에 우리는 적절하게 긴장감을 유지하는 연습을 해야 합니다. 긴장을 잘 유지할 때 우리는 긴장감을 긍정적인 방향으로 이용할 수 있게 됩니다. 긴장감은 여유와도 관련이 있습니다. 긴장과 이완의 반복을 통해 생각의 자유로움을 느낄 수 있는데요. 우리의 일상생활은 이러한 긴장과 여유가 교차합니다. 긴장이 있을 때 여유가 가치 있게 느껴지고, 여유가 있을 때 긴장이 그 효과를 발휘합니다. "열심히 일한 당신 떠나라."라는 문구에서 볼 수 있듯이, 긴장을 통해서 높은 과업을 수행할 수 있고, 이러한 경험을 통해 더 높은 과업을 향해서 긴장감을 긍정적으로 사용하게 될 것입니다. 그 긴장감이 과해지면 낮추기 위해서 이완을 선택합니다. 휴가를 통해서 이완의 시간을 갖는데 이완 후 다시 시작하는 일에서는 열정과 강한 에너지를 발견할 수 있습니다. 그래서 휴가를 '달콤하다.'라고 표현합니다.

세상에 어떤 분야에서든지 완벽한 사람은 없기에 어느 상황에서도 긴장은 존재합니다. 어느 정도 긴장을 하는지 정도의 차이가 있을 뿐이죠. 부족함을 인식하고 보다 완전한 결과물을 만들기 위해 본인을 다그치게끔 만든다는 것이 바로 긴장감의 긍정적 기능입니다.

긴장감은 대체로 미래의 특정 순간을 상대로 생성되곤 합니다. 긴장감을 인지하고 자신의 삶에 도움이 되는 쪽으로 이용하는 것이 결국 복잡한 현대사회를 살아가는 우리의 자세일 것입니다.

물아일체,
그 방향성

삶의 의미가 무엇인지 목적을 분명하게 하고,
목적을 달성하는 과정 중에 자기반성이 필요합니다.

영성이 필요한 이유

사람은 누구나 자신의 삶에 만족하며 살기를 원하는데요. 자신의 삶이 만족스러운 삶이 되도록 노력하며 도전하고 그로 인해 발전하기를 기대하기 때문입니다. 그러나 이 과정에서 불안이 쌓이고 좌절도 하며 자신에게 불만을 갖는 경우도 생기는데요. 그렇기에 삶의 의미meaning of life를 찾아야 합니다. 그런데 삶의 의미가 무엇인지 몰라서 어려움을 겪고 있다면, 자신의 영성spirituality을 돌아봐야 할 필요가 있습니다. 이 영성을 통해서 안녕을 경험하고 삶의 만족과 의미를 충만하게 만들 수 있기 때문입니다. 영성은 그 자체로 명상, 기도, 묵상, 성찰을 통해 자신 내면의 평안과 물아일체적 경험을 추구할 수 있습니다. 영성을 자각할 때 우리 마음에는 생을 향한 영원한 경외심이 생겨날 것입니다. 이러한 의식 형태는 경외감, 시간, 공간, 감각의 상실, 내적 조화, 황홀감, 안정, 만족, 환희를 동반하며 개인의 삶은 신성함으로 채워질 것입니다.

아들러는 영성을 안녕 바퀴의 중심에 두고 영성이라는 인생 과제를 안녕의 핵심 요소라고 설명했습니다. 영성에 이르는 통로로는 믿음, 조화, 목적이 있습니다.

믿음이란 얼마나 잘 해낼 수 있는지, 앞으로 어떤 사람이 될 것인지 등 자신의 미래에 관한 믿음이기도 한데요. 이루고자 하는 목적에 다가서 있는 사람을 롤모델로 삼고, 그 사람을 보고 믿으며 나를 성장시키는 것도 좋은 방법입니다. 마음으로 원하는 것을 되뇌는 것 또한 일상에서 실천할 수 있는 방법입니다.

롤모델을 정하는 것은 내 인생이 앞으로 나아갈 방향을 정하는 방법으로 중요한 의미를 가지고 있습니다. 롤모델을 정할 때 전제되어야 하는 것이 믿음입니다. 어떤 사람이 될 것인지, 어떤 사람이 될 수 있을지, 나의 능력이 무엇인지에 관한 믿음은 우리의 인생 목표와 롤모델을 정하는 데 있어서 꼭 필요합니다.

인생에서 자신에게 삶의 의미가 무엇인지 목적을 분명하게 할 필요가 있습니다. 그래야 목적을 달성하는 과정 중 자기반성을 통해 사회와 조화되기 위해 노력할 것입니다.

삶의 목적은 안녕의 시작

"내가 그렇게 될 수 있다."는 믿음 안에서 진정으로 원하고 되고자 하는 모습과 미래를 머릿속으로 그려볼 때 삶의 목적이 생기고 안녕 또한 시작됩니다. 자신의 이상향을 달성하고자 마음을 먹고, 그 목표를 향해 달려가는 과정에서 지속적인 자기 모니터링도 필요합니다. 자기 모니터링을 통해 미흡한 점을 수정해나갈 수 있도록 자기반성이 동반된다면 자신의 삶에 조화가 찾아올 것입니다.

자신보다 큰 어떤 권력이 존재한다는 의식을 인정하는 것은 일반적으로 합리적이고 지적인 선택은 아닐 것입니다. 더 높은 권력을 인정하는 것은 대부분의 생활경험보다 더 직관적이고 창조적이며 사적인 것입니다.

자연과 사고의 세계를 통해 개인은 우주를 경외하며 유의미한 전체로 물아일체物我一體의 경험을 할 수 있어야 합니다. 이를 위해서는 자신의 신념에 관한 직접적인 질문을 해야 하고, 그 답을 자신 가까이에서부터 찾고 적절한 주제에 관한 탐색을 시작해야 합니다.

삶의 목적은 개인의 내적 신념과 가치관을 형성하고 도덕적 행위로 나타납니다. 목적 있는 삶과 희망이 있는 삶이야말로 자연 공동체 안에서 안녕을 찾아가는 일이기 때문입니다.

자신의 삶에 목적과 의미를 부여하는 것은 중요한 일입니다. 내가 해야만 하는 일이라는 당위성만 갖고서는 즐거움을 느끼기 힘들죠. 내가 하고 있는 일에, 나의 삶의 작은 것에서부터 의미부여를 시작해보면 그것만으로도 만족스러워질 것이고, 의미를 부여하면 내가 하는 일이 중요하게 느껴지고 스스로 할 수 있다는 자신감과 힘이 생길 것이 분명합니다.

아들러는 인생을 살아가는 양식을 활동 수준과 사회적 관심도에 따라 4가지로 구분했습니다. 독재적인 지배형과 의존성이 강한 기생형, 현실로부터 도피하는 회피형에서 벗어나 사회적 유용형으로 변화할 것을 제안하고 있습니다. 활동 수준과 사회적 관심도가 높은 사회적 유용형은 큰 성장잠재력을 가지고 있습니다. 행복한 삶을 위해서 자신을 돌아보기, 사랑, 우정, 일과 여가, 영성이 중요하다고 강조합니다.

PART Ⅵ

어떻게 살아야 할 것인가?

나는 어떤 사람인가? - 지배형

지배형은 타인을 배려하는 연습부터 해야 합니다.
그럴 때 리더의 역할을 잘 수행할 수 있습니다.

지배형 생활양식은 독재형

아들러가 말하는 생활양식 중 첫 번째는 지배형ruling type입니다. 지배형 생활양식의 특징은 활동 수준은 높으나 사회적 관심도는 낮은 유형입니다. 지배형은 부모가 독재형으로 자녀를 훈육할 때 흔히 나타나는 생활양식이기도 합니다.

주변 사람이나 상황을 신경 쓰지 않기 때문에 독선적이고 공격적인 성향을 갖고 있습니다. 그러나 사회적 관심 분야 이외에서는 활동적이며 외부 세계를 지배하려는 태도를 보이는 것이 특징입니다. 즉 타인과의 관계 형성이 취약한 스타일이죠.

이 유형은 현대사회에서 많이 볼 수 있는 유형인데요. 자신의 일이 아니면 관심이 없고 본인의 이익을 우선적으로 생각하는 유형입니다. 주변에 관심이 많고 활동수준이 높아서 타인에게 피해를 주는 일도 많은 유형이기도 합니다.

지배형에 해당하는 사람은 일반적으로 능력이 뛰어난 사람으로 독불장군이 되기 쉬운데요. 예외적으로 처한 환경이나 상황에 따라서 일시적으로 지배형 생활양식을 보일 수도 있습니다. 예를 들어 중요한 시험을 앞둔 사람이 일시적으로 지배형 생활양식을 보이거나 시험 통과 후에도 이러한 모습을 보이기도 합니다.

지배형은 사회적 관심이 낮기 때문에 어느 정도의 사회적 지위와 경제적 능력을 갖추지 못하면 사람들로부터 환영받지 못하게 됩니다. 그래서 지배형은 훈련을 통해 남을 배려하는 말과 행동양식을 익혀야 할 필요가 있습니다. 이들은 성장하면서 올바른 교육을 통해 공격적이고 부주의한 성향을 줄이고, 말과 행동양식이 자연스러워지는 것이 필요합니다.

지배형은 타인을 신경 쓰지 않기 때문에 타인에 관한 배려도 하지 않는데요. 대신에 활동성은 높아서 하고 싶은 일이 생기면 무작정 저지르고 봅니다. 그렇기에 주변에 싫어하는 사람이 많을 수도 있습니다. 이 유형의 활발한 활동력은 타인에게 폐를 끼치는 일이 많은데요. 자신이 하고 싶은 일만 하려고 하는 등 협동적이지 않기 때문입니다. 타인을 인정하지 않고 자신을 내세우며 활동적인 사람은 오늘날 현대사회에서는 각광받지 못하는 유형입니다. 마음의 에너지가 스스로를 향해 있기에 자신에 관한 사랑이 강한 경우가 많습니다. 즉 자기애가 강하다는 뜻이죠.

자기애narcissism가 강한 사람은 자신이 어떤 행동을 하든지 용서받을 수 있다고 생각하는 경향이 많습니다. 이러한 유형의 사람이 회사의 팀 안에 있거나 학교에서 조별로 과제를 할 경우, 그 팀의 수행 능력은 저하될 것입니다.

지배형에 필요한 겸손과 배려

지배형의 사람은 자신이 지배의식이 강한 사람이라는 것을 잘 몰라서 이로 인해 문제가 발생할 수 있다는 문제의식이 거의 없습니다. 이러한 지배형 사람을 코칭하기 위해서 '겸손'이라는 태도를 일깨워줘야 합니다. 자신이 지배형 사람이라고 지각한 경우에는 타인의 관점에서 생각하는 습관을 갖도록 연습하고 훈련하려는 노력이 필요합니다. 지배형의 사람은 우리 사회가 혼자만이 아닌 함께 살아가는 곳이라는 인식을 배우고, 협동과 협력을 배워야 합니다.

겸손한 사람의 모습을 보면 이들은 자기주장을 할 때와 그렇지 않을 때를 구분해서 행동합니다. 겸손한 사람은 자기주장을 내세우지 않아야 할 때를 알고 있다는 뜻이기도 합니다. 굳이 자기주장을 내세우지 않아도 될 자리에서는 타인을 배려합니다. 타인에 관해 관심이 덜 하거나 무시하는 경향도 적어서 그들이 독재형과 달리 더불어 살 수 있는 기회를 높이는 경향이 있음을 깨달아야 합니다.

나는 어떤 사람인가? - 기생형

활동 수준과 사회적 관심이 낮은 기생형에게는
애정을 갖는 동시에 사회 규칙을 명확히 알려줘야 합니다.

기생형 생활양식은 의존성

아들러가 말하는 생활양식 중 두 번째는 기생형getting type입니다. 기생형은 활동 수준과 사회적 관심이 낮다는 게 특징인데요. 활동 수준이 낮기 때문에 자신이 해결해야 하는 일도 타인의 활동에 기대어 생활하는 경우가 많습니다. 즉 의존적으로 기생하는 방식으로 외부와의 관계를 형성하는 사람입니다.

이 유형은 주변 사람에게 의존해 자신의 욕구를 충족하려는 경우가 많습니다. 자신이 직접 어떤 결과를 얻기 위해 노력하기보다는 타인에게서 결과물을 얻어내는 데 관심이 있습니다. 아들러는 이러한 유형이 부모가 자녀를 훈육할 때 과잉보호를 하는 경우 나타난다고 설명했습니다.

기생형은 현대사회의 유산물이기도 한데요. 자녀의 수가 적은 사회일수록 부모의 과잉보호는 아이의 성격, 생활태도, 사고방식에 부정적인 영향을 미치게 됩니다. 그 부정적인 영향이 아들러의 생활양식으로 드러난 형태가 기생형입니다. 부모의 양육 방식은 평생에 걸쳐 자녀의 생활유형에 영향을 미치기 때문에 영유아 시기의 과잉보호는 아이를 기생형으로 만들 수 있습니다.

기생형은 타인을 이해하는 역지사지易地思之의 태도가 부족합니다. 이러한 이유는 부모의 지나친 과잉보호에서 시작되는 경우가 많은데, 부모가 자녀를 지나치게 보호해 독립심을 기르지 못한 경우에 자녀는 계속 타인에게 의지하는 방법만을 터득한 채 남을 이해하지 못하며 자라기 때문입니다. 결국 의존성이 강한 개인으로 성장하는 것입니다. 만약 부모가 자녀를 진실로 사랑한다면 그들에게 독립적으로 나아가는 법을 가르쳐야 합니다.

우리 주변에 기생형 생활양식을 가진 사람은 의존성으로

인해 '무임승차'라는 행동 특성을 보입니다. 무임승차를 하는 사람은 적극적으로 행동하지 않으면서 공동체의 결과물은 취하려고 한다는 점에서 지탄을 받게 됩니다. 예를 들어 학교에서 조별과제 활동을 할 때 그 자리에는 있으나 적극적으로 참여하지 않는 사람, 회사에서 팀 수행을 할 때 자신의 역할 이외의 일에는 손대지 않거나 미팅 시간에 적극적으로 동참하지 않는 사람, 아파트 단지 내의 공동체 생활 중에 의무는 이행하지 않고 자신의 권리만을 누리려고 하는 사람 등이 기생형 생활양식을 보이는 사람입니다.

이처럼 무임승차라는 행동으로 보이는 예 이외에 어떠한 노력이나 의무 이행 없이 거저 얻으려고만 하는 자세도 기생형에 포함됩니다. 자신이 속해 있는 공동체의 일에 무관심하고 곁의 사람에게 무관심한 것, 사회 일에 동참하지 않는 것 등 현대사회에서 보이는 수동적이고 소극적인 자세 역시 기생형입니다.

기생형은 대인관계에서도 한계를 보여줄 수밖에 없습니다. 예를 들어 많은 이성들 중 한명이 아닌 모든 이들을 동시에 자신의 것으로 만들고자 합니다. 그리고 이들이 자신을 좋아해 줄 것을 기대하지만 정작 본인은 그 누구도 진심으로 사랑하지 않고 그 상황만을 즐깁니다.

아들러가 제시한 4가지 생활유형 중, 기생형이 가장 외로운 사람인데요. 만약 기생형 사람이 지속적으로 그 누구에게도 보상을 주지 않고 일방적으로 기대만 한다면 언젠가 외톨이로 남게 될 것입니다.

기생형에 필요한 책임

주변에서 기생형 사람을 만나게 된다면 자신과 대상은 각각 하나의 개체로서 대등한 존재임을 명확히 인식시켜 줄 필요가 있습니다. 그리고 기생형인 사람에게는 해야 할 일과 하지 않아도 될 일을 구분해줘야 합니다. 집단 내에서의 규율을 명확하게 알려주는 동시에 애정을 가질 필요가 있습니다.

기생형의 사람에게 필요한 부분은 책임responsibility입니다. 의존성이 높다 보면 책임감이 소홀해지는 경우를 종종 볼 수 있습니다. 역지사지의 마음을 갖고 자신의 일상에서의 책임감을 높여야 합니다. 이를 위해서는 작은 일이라도 하나씩 소중히 여기며 책임감 있게 일을 해야 할 것입니다. 그래야 더 큰 일에서도 책임감 있게 행동할 수 있기 때문입니다.

작은 일에 관해서는 소중하게 여기지 않는 경우가 있습니다. 그러나 작은 것이 모여서 큰 것이 된다는 사실을 잊으면 안 될 것입니다. 하나씩 소중히 여기며 책임감 있게 행동한다면 곧 기생형에서 벗어날 수 있기 때문입니다.

나는 어떤 사람인가?
- 회피형

활동수준과 사회적 관심이 낮은 회피형에게는
작은 것이라도 성공을 경험하게 해줘야 합니다.

회피형 생활양식은 현실도피

아들러가 말하는 생활양식 중 세 번째는 회피형avoiding type입니다. 회피형은 사회적 관심 수준이 낮고, 다른 영역에서의 활동 수준도 낮습니다. 또한 인생에서 성공하고 싶다는 욕망이나 의욕보다 새로운 것에 도전했을 때의 실패를 두려워하기 때문에 인생 과업으로부터 도망가려는 행동을 주로 보입니다. 무기력helplessness을 학습한 경우라고 할 수 있는데요. 어떠한 노력을 해도 나의 의지와 별개로 다른 요인에 의해서 결과가 벌어진다는 것이 개인 경험에서 학습되어 나타나는 것입니다.

회피형은 삶의 문제를 적극적으로 해결하려고 도전하지 않고 회피하고자 하며 사회적 요구와 거리를 두고자 합니다. 앞에 놓여 있는 문제를 해결하려고 하지 않으면서 불평만 늘어놓는 경우가 많기 때문에 고립되어 있습니다. 즉 문제를 회피히는 현실 도피자입니다. 아들러는 신경증자, 정신병자를 회피형에 속하는 전형적인 예시로 보았고, 정신병자는 현실세계로부터 자신을 전적으로 철회시키는 사람이라고 설명했습니다.

회피형 사람은 현실에 맞서려는 용기가 부족합니다. 이는 자녀의 기를 꺾어버리는 부모의 자녀교육에서 비롯되었을 가능성이 높습니다. 부모가 자녀에게 취하는 태도는 자녀에게 지대한 영향력을 행사하기 때문입니다. 만약 자녀를 지속적으로 비난하고 무시한다면 자녀는 결국 소극적이고 매사에 부정적이게 될 것입니다. 이러한 태도는 자녀가 자라면서까지 계속 이어지기 때문에 부모는 자녀를 양육하며 스스로 선택하고 결정할 수 있는 기회를 주며 그들의 선택을 존중할 필요가 있습니다.

회피형은 자신이 해결해야 할 과업이 있음에도 일단 미루는 사람입니다. 어떤 일을 스스로 하고자 하는 의욕이 없고 동기부여가 되지 않는 것이 이유입니다. 이 기원은 스스로 성공적으로 완주하거나 일을 끝낸 경험이 없는 데서 비롯된 것입니다. 미루는 행동은 현재 자신에게 닥친 불안감과 긴장감을 없애준다는 점에서 보상을 주기 때문에 단순한 문제로 치부해서는 안 됩니다. 왜냐하면 미루는 습관은 누구나 경험할 수 있는 일이기 때문입니다.

회피형은 대인관계에도 문제가 있습니다. 예를 들어 연인 사이에서 서로에게 닥친 문제를 해결하지 않은 채 계속 그 일을 덮고 피하기만 한다면 결국 상처뿐인 종말을 맞이하게 될 것입니다. 이러한 결과의 원인은 대인관계에서 지금까지 회피가 심했고, 그 경험이 차곡차곡 쌓인 결과일 것입니다.

회피형에게는 삶을 살아가는 용기를 북돋아줄 필요가 있습니다. 회피형은 남들에게 자신을 드러내고자 노력하고 먼저 다가서며, 친근한 분위기를 조성하기 위해 노력해야 할 것입니다.

회피형에 필요한 희망

회피형은 먼저 자신을 바꾸겠다는 변화의 의지가 있어야 합니다. 주도적으로 변화하려는 노력도 동반되어야 합니다. 변화 의지와 변화하려는 노력의 밑바탕에 희망이 있다면 더욱 좋습니다. 스스로 희망을 찾는 방법과 더불어 주변 사람의 도움을 통해 희망을 마음에 갖도록 해야 할 것입니다.

처음부터 희망을 품는 것은 쉽지 않습니다. 그러한 노력이 처음이라 어찌할 바를 모르는 사람에게는 주변의 관심이 큰 도움이 될 것입니다. 그 주변 사람이 자신이 될 수도 있습니다. 내가 누군가에게 희망이 될 수 있다는 뜻이죠. 내 곁의 누군가에게 관심을 갖는 것, 바로 그것이야말로 공동체의 시작과 유지의 중요한 밑거름이자 희망이 될 것입니다.

희망을 가진 사람의 특징은 결과보다 과정을 더 중요시한다는 것입니다. 과정보다 결과를 중시하면 자신이 생각한대로 결과가 나타나지 않을 수도 있기에 좌절하기에 십상입니다. 그렇기에 결과보다는 과정 중심적으로 자신의 목표를 설정해야 합니다. '내가 이 일을 잘 해내고 있는가!'라고 생각하며 과정을 중시하다 보면 자신이 변하고 있음을 알게 될 것입니다. 이때 우리에게 진정한 용기와 미래를 위한 희망이 생깁니다. 즉 오늘보다 나은 내일이 있다는 것을 분명 깨닫게 될 것입니다. 우리에게 필요한 희망을 위해 과정 중심적으로 일하는 용기가 필요합니다.

이를 위해서 남들과의 비교보다 우선적으로 과거 자신과의 비교가 더 필요하고 중요합니다. 누구를 위한 삶이 아니라 스스로를 위한 삶의 토대를 마련해 가치 있는 삶을 추구해야 할 것입니다. 그러면 충분히 회피형에서 벗어날 수 있습니다.

나는 어떤 사람인가?
- 사회적 유용형

사회적 관심과 활동 수준이 높은 사회적 유용형은
자신뿐만 아니라 공동체의 의식 안에서 살아갑니다.

사회적 유용형 생활양식은 성장잠재형

아들러가 말하는 생활양식 중 네 번째는 사회적 유용형socially useful type입니다. 사회적 유용형은 사회적 관심이 높고 활동 수준 역시 높은 유형입니다. 타인과의 성공적인 대인관계에 있어서 중요한 요소는 내가 얼마나 움직이는지, 즉 실천력이 중요하게 작용합니다. "타인과 어떻게 지낼 것인가?", "타인과의 관계는 어떻게 형성할 것인가?" 이러한 질문에 사회적 유용형은 긍정적인 답을 합니다.

사회적 유용형은 사회적 관심과 활동을 활발하게 하며, 성숙하고 긍정적인 사람인 동시에 타인의 욕구도 충족시키려 노력하는 사람입니다. 또한 사회적 협동, 개인의 욕구, 사회의 안녕을 바라는 사람이라고 아들러는 설명했습니다. 즉 자신과 타인의 욕구를 동시에 충족시키면서 인생의 과업을 완수하기 위해 타인과 협력하는 행동을 합니다. 이들은 심리적으로 건강합니다.

개인은 나름대로의 생활양식을 창조하고 스스로 변화하며 성장할 수 있는 성장잠재력을 지닌 존재라고 아들러는 설명했습니다. 개인의 선택과 책임이 중요시되는 이유는 우리 자신의 사고방식과 목표를 추구하는 방식을 변화시킬 수 있기 때문입니다.

아들러는 사람을 바라보는 관점에서 성격과 생활양식의 공통적인 특징을 분류해 개인을 이해하고, 성장에 장애가 되는 부분이 있다면 교정할 수 있다고 설명했습니다. 이러한 과정은 자신의 생활유형에 관해 생각해볼 기회를 제공하고 삶을 이끌어가는 데 좋은 영향력을 미칠 것입니다.

자신이 타인에게 관심이 있는지와 활동 수준이 어떠한지에 관해서는 혼자서 분석해볼 수도 있겠지만, 주변의 타인에게 물어보는 것도 필요한데요. 이는 내가 바라보는 나와 타인이 바라보는 나 사이에 차이가 있을 수 있기 때문입니다.

언뜻 사회적 유용형은 주변에서 찾기 힘든 사람처럼 느껴지기도 하지만 한편으로는 쉽게 찾아볼 수 있기도 합니다. 사회적 관심이 많은지 적은지, 활동수준이 높은지 낮은지 양극단으로 사람을 분류하는 것은 사실 현실적으로 도움이 되지 않습니다. 상황과 대상에 따라서 그 수준은 언제나 바뀔 수 있으며, 그러한 경우에 어떻게 대처하는 것이 좋은지에 관해서 말해줄 수 있는가가 중요합니다. 그렇기에 생활양식의 조화를 보이고 있다면, 그는 사회적 유용형에 해당하는 사람일 것입니다.

공동체의 복원이 필요

현대사회는 개인중심으로 흘러가고 있고, 사람들은 타인보다 개인의 이익을 위해서만 움직이는 경향이 강해지고 있습니다. 자신 주변의 타인까지 생각할 수 있는 마음의 여유와 포용의 힘을 갖는 사회가 될 수 있도록 노력하는 것이 필요한 때입니다.

최근에 우리 사회를 보면 '나 혼자'라는 표현을 정말 많이 합니다. 혼밥(혼자 먹는 밥), 혼술(혼자 먹는 술), 혼자 떠나는 여행 등의 행위들이 일상에서 자연스럽게 나타나고 있습니다. 물론 가끔 무언가를 혼자서 해야 할 시간도 필요합니다. 그러나 이러한 행위는 잠깐 혹은 가끔일 뿐이지 궁극적으로 '혼자'라는 표현은 적절치 않습니다. 왜냐하면 인간은 혼자서 살아가는 존재가 아니기 때문입니다. 현대사회에서는 많은 일을 스스로 해결해갈 수 있지만 사실 알고 보면 그렇지 않다는 것을 깨달아야 합니다.

개인의 힘은 거대한 조직, 사회, 국가에 비하면 너무나 작은 존재입니다. 주변의 타인에게, 주변의 일에, 나아가 속해 있는 사회 전체에 관심을 갖고 적극적으로 활동할 수 있다면 지금보다 더 살기 좋은 사회가 될 것입니다. 사회적 자본, 사회적 관심이 필요한 이 시기에 아들러가 언급한 생활양식 중에서도 사회적 유용형의 사람이 많아졌으면 좋겠습니다.

자신을 돌봄

인간에게는 자기 자신을 돌아볼 수 있는 자기 지향적 과제가 있으므로 이를 통해 스스로 변할 수 있습니다.

추구와 책임

아들러의 개인심리학에서는 자신을 찾아가는 인생과제로 자기 지향 과제를 설명하고 있습니다. 자기 지향에는 12가지 하위 과제가 있는데요. 가치감, 통제감, 현실적 신념, 정서적 지각 및 대처, 문제해결 및 창의성, 유머감, 영양, 운동, 자기보살핌, 스트레스관리, 성 정체감, 문화 정체감이 여기에 해당합니다.

인생 과제에서는 자신의 영적인 측면을 알고 다음으로 자신에게 스스로 초점을 맞출 수 있어야 합니다. 자기 지향 과제는 선천적으로 갖고 태어나기에 발전시키기 쉬운 과제도 있지만, 후천적으로 노력해야만 히는 과제도 있습니다. 선천적으로 아무리 뛰어난 자질을 갖고 있는 사람이더라도 자신의 자질을 모른다면 무용지물無用之物일 것입니다. 그리고 후천적으로 노력하지 않는다면 충분히 그 자질을 더 빛나게 발전시키기 어렵다는 것도 알아야 합니다.

동계스포츠에서 전 세계의 이목을 이끌었던 피겨스케이팅의 김연아 선수는 어릴 적부터 천부적인 소질을 인정받아온 선수였습니다. 그러나 그녀는 천부적인 소질만으로 수많은 경기에 참여한 것이 아니라 부단한 노력을 통해서 현재의 김연아 선수가 되었습니다. 이뿐만 아니라 자신의 영역에서 이름을 빛내고 있는 사람을 보면 선천적인 자질만을 내세우지 않고 무엇보다 열심히 노력하는 과정을 중요시합니다. 천재 발명가 에디슨Thomas Edison이 "천재는 1%의 영감과 99%의 노력으로 만들어진다."라고 했듯이 자기 지향 과제에서는 선천적인 자질과 후천적인 노력이 중요하다는 것을 기억해야 합니다.

이러한 자기 지향적 과제에 관해 아들러는 인간을 충분히 변화할 수 있는 존재로 보았기 때문에 우리의 일상에서 얼마든지 실행 가능하다고 생각했습니다. 아들러는 개인의 책임을 강조하며 얼마든지 스스로 노력하면 행복을 추구할 수 있다고 설명했습니다. 그러나 이 표현은 자칫 사회가 마땅히 짊어져야 할 책임을 회피해도 된다고 생각할 오해의 여지가 있습니다. 아무리 인간에게 우월성을 추구하는 본능이 있고 열등감은 발전의 밑바탕이 된다고 하지만 사회가 행복을 추구할 만한 상황이 아니라면 개인은 절망할 것이라는 뜻입니다.

희망을 잃은 사람이 사회에 많아지는 것은 좋은 현상이 아닙니다. 결국 각 개인이 성장할 수 있도록 어느 정도의 사회적 돌봄도 필요합니다. 이에 자기 지향에 관한 12가지 과제에 관해 각각 자세히 설명해 보고자 합니다.

자기 지향과 12가지 과제

'가치감'은 자신을 좋은 사람으로 평가할 수 있는가를 말합니다. 자기 수용, 자기 존중감에 의해서 설명되는 것으로 자기 긍정 혹은 자기 부정, 선 혹은 악에 관한 하나의 평가의 도구가 됩니다.

'통제감'은 개인적 통제에 관한 신념으로 인간의 인지, 정서, 행동 및 자신을 둘러싼 환경에 관해 통제할 수 있다는 믿음을 말합니다. 개인이 할 수 있는 것에 있어서 숙달, 확신의 감정과 관계가 있습니다. 그래서 이를 종종 유능감, 통제소재 혹은 자기 효능감으로도 소개합니다.

'현실적 신념'은 개인이 일상에서 생각하고 원하고 느끼는 바에 관한 지속적인 자세를 말합니다. 현실적인 신념은 원하는 것으로써의 현실이 아니라 있는 그대로의 현실을 지각하는 것을 말하고, 있는 그대로의 현실적인 신념을 갖고 있는 것이 중요합니다.

'정서적 자각과 대처'는 개인이 느끼는 정서적 기분에 관해 스스로 알아차리는 것을 말합니다. 개인으로 하여금 행동을 추진하게 하거나 그들이 두려워하는 것으로부터 지켜주는 힘을 뜻합니다.

'문제해결과 창의성'에서 문제해결은 개인으로 하여금 환경에 숙달하도록 하는 것을 말하고, 창의성은 도전하며 만족을 가져오는 지적, 예술적, 생산적 활동들을 추구하게 하는 특성을 말합니다.

'유머감'은 긍정적 유머를 통해 웃음으로써 여유를 갖게 해

면역체계와 의사소통을 증진시키고, 문제해결을 위한 융통성을 창출하며 스트레스를 완화시킵니다.

'영양'은 신체적 에너지로 환원됩니다. 사람이 음식을 통해서 먹는 것으로 건강, 기분, 수행 간에 관련성이 있습니다.

'운동'은 규칙적인 운동을 통해 신체적 건강, 활력 있는 신체기능, 낮은 스트레스, 질병, 그리고 수명연장을 이끕니다.

'자기보살핌'은 위기가 있을 때 자신을 돌볼 힘을 말합니다. 예방 차원에서 자기보살핌은 신체, 심리, 사회적인 측면에서 건강을 증진시키고 건강관리 비용을 감소시킵니다.

'스트레스 관리'는 적절한 건강관리를 위해 중요합니다. 과도한 스트레스의 부정적인 효과를 최소화하면서 대처할 수 있어야 합니다. 그렇다고 해서 모든 스트레스가 부정적인 것만은 아닙니다. 스트레스에는 디스트레스destress와 유스트레스eustress가 있습니다. 특정 종류의 스트레스, 즉 유스트레스는 개인에게 적당한 긴장감을 불러일으키고 수행에 도움이 됩니다.

'성 정체감'은 개인의 생활양식 발달에 있어서 중요하죠. 건강한 성 정체감은 남성 혹은 여성으로서 각인해왔던 신체적-정신적-사회적 특성과 역할을 추구합니다.

마지막으로 '문화 정체감'은 개인이 느끼는 사회 · 문화에 관한 의식적 감각이나 주관적인 느낌을 말하는데요. 개인이 행하는 모든 것은 문화적으로 영향을 받기 때문입니다. 긍정적인 문화 정체감을 가진 사람은 그렇지 않은 사람보다 더 만족스러운 삶을 살아갑니다.

인생에서 중요한 사랑

사랑은 인간이 살아가면서 경험할 수 있는
가장 강렬하고 아름다우며 숭고한 느낌입니다

사랑의 필요성

아들러의 개인심리학에서 설명하고 있는 대인관계에 관한 인생과제로는 사랑이 있습니다. 세상에는 여러 종류의 사랑이 있는데요. 측은지심惻隱之心 같은 연민, 연인 사이의 사랑, 부모자녀간 사랑, 아가페적인 인류의 헌신적 사랑도 있습니다.

사랑은 인간이 경험할 수 있는 가장 강렬하고 아름다우며 숭고한 느낌입니다. 사랑은 인종, 국경, 이념을 초월할 수 있습니다. 이웃에 관한 배려와 돌봄, 지구 반대편의 지진 피해자를 보고 연민을 가지는 것 또한 모두 사랑입니다.

여러 사랑 중에서도 연인 간의 사랑은 대인관계에서 경험할 수 있는 가장 행복하고 오묘한 감정이라고 합니다. 서로 다른 생각과 가치관을 가지고 있는 사람과 사랑의 감정을 느낀다는 것은 매우 신비로운 일입니다.

한 개인의 삶에 있어서 사랑은 기쁨, 슬픔, 환희, 고통, 행복, 불행을 좌우하는 중요한 요인입니다. 진정으로 아름답고 성숙한 사랑을 위해서는 사랑에 관한 깊은 이해가 필요합니다.

현대사회에 만약 사랑이 없었다면 우리는 고독과 고립을 경험하게 될 것입니다. 즉 이로 인해서 정서적 불안, 공포, 우울 같은 부정적인 감정을 겪게 될 것입니다. 우리는 우정과 마찬가지로 사랑에 관한 관심을 갖고 있습니다. 즉 인간에게는 일차적이고 근본적으로 관계적 욕구가 있다는 뜻입니다. 관계적 욕구에는 오랫동안 함께 살아오면서 서로의 삶에 깊이 몰입하고 그에서 친밀감, 다정함을 경험하는 사랑과, 서로가 하나가 되고자 하는 강렬한 열망을 느끼는 상태의 사랑이 포함되어 있습니다.

만약 우리에게 사랑이라는 감정이 존재하지 않았다면 문명의 발전에 한계가 있었을 것입니다. 사랑이 없다면 이성에게 아무런 감정을 느끼지 못했을 것입니다. 주변 사람에게 슬픈 일이나 기쁜 일이 있어도 전혀 공감하지 못했을 것이고, 인간은 사회적 존재가 될 수 없었을 것입니다. 다시 말해 우리에게 사랑의 감정이 존재하지 않았다면 지금의 문명 또한 기대하기 어려웠을 것입니다.

사랑의 역할

인간의 감정 중 가장 복잡한 감정이 바로 사랑일 것입니다. 그래서 사랑에 관해 정의를 내리기가 어렵습니다. 그러나 지금, 이 순간에도 사람 사이에서는 사랑이라는 이름 아래서 다양한 감정들이 소용돌이치고 있을 것입니다. 이 안에서 사람들은 웃거나 울 것이고, 기뻐하거나 슬퍼할 것이며, 행복해하거나 불행해할 것입니다.

이러한 사랑의 감정은 인류의 보편적 가치로 누구나 가지고 있는 감정입니다. 사람이라면 누구나 사랑을 하고 일생에 한 번쯤은 이 감정을 느낄 수 있다는 뜻입니다. 사랑은 서로 타인과의 만남에서 시작해 인간 내면의 또 다른 자기를 발견하게 하고, 서로의 기억이나 감정을 공유할 수 있게 해줄 것입니다.

그렇기에 나 아닌 누군가를 사랑한다는 것은 인간의 위대한 인생과제일 것입니다. 인간은 기본적으로 이기적인 존재입니다. 그러나 사랑이 이를 초월할 수 있게 합니다. 사랑하는 누군가를 먼저 생각하게 만드는 것, 그것 자체만으로도 사랑은 위대합니다.

인생에서 중요한 우정

우정은 나를 더 나은 사람으로 만들 수 있게 하고,
삶을 긍정적으로 살아갈 수 있게 합니다.

우정의 필요성

아들러의 개인심리학에서 설명하고 있는 또 다른 대인관계에 관한 인생과제는 우정friendship입니다. 이 우정은 인간이 성장하는 데 가장 필요하고 소중한 감정인데요. 어릴 때를 돌이켜 보면 부모를 벗어나 처음으로 만나는 존재가 바로 친구입니다. 그래서 더 친구와의 우정이 중요합니다. 특별한 이유 없이도 순수하게 친구들과 몰려다니고 별거 아닌 일에도 서로 웃을 수 있고 타인과 삶을 함께 할 수 있다는 것은 소중한 경험입니다. 기본적으로 개인은 사회적인 맥락 안에서 여러 사람과의 관계에 많은 에너지를 쏟고 집중합니다.

개인의 안녕에서도 우정은 중요한 역할을 합니다. 우리는 끊임없이 타인과 관계하며 살아가는 사회적 존재입니다. 그렇기에 기쁜 일이 있을 때 같이 기뻐해 줄 누군가가 있다는 것, 그리고 슬픈 일이 있을 때 위로해줄 누군가가 내 옆에 있다는 것이 중요합니다.

우리는 우정에 관해서 "함께 있으면 즐겁다.", "있는 그대로 받아들인다.", "서로 깊게 신뢰한다.", "서로 존중한다." 등으로 말합니다. 이를 통해서 우정은 수용, 신뢰, 존중 안에서 인생의 즐거움을 공유하고 도움을 주는 동반자의 역할을 합니다.

우정을 오랫동안 유지하기 위해서는 그 관계가 대등한 대인관계여야 하고, 순수한 인간 지향적인 관계여야 하며, 자유롭고 편안한 관계여야 할 것입니다. 뿐만 아니라 우정을 공유하기 위해서는 유사점들이 많을수록 좋습니다.

우리는 끊임없이 타인과 관계하며 살아가는 사회적 존재입니다. 그렇기에 기쁜 일이 있을 때 같이 기뻐해 줄 누군가가 있다는 것, 그리고 슬픈 일이 있을 때 위로해 줄 누군가가 있다는 것은 우리가 살아가는 데 중요합니다. 우정에 관해서 우리가 잘 알고 있는 고사성어로 관포지교管鮑之交가 있습니다. 형편이나 이해관계와 상관없이 친구를 무조건 위하는 두터운 우정을 뜻하는 말입니다.

우정은 너무나도 일상적인 것이어서 늘 자신 곁에 있어도 그 소중함을 모르고 지낼 때가 많습니다. 바빠서, 여유가 없어서, 힘들어서 등 갖은 핑계를 늘어놓으며 그 관계의 끈을 놓을 때가 있습니다. 그러나 우정은 이해타산利害打算 없이 오랜 시간 유지될 수 있는 관계 중 하나입니다. 그렇기에 문득 생각났을 때 변함없이 그 자리에 있는 것, 그것이 바로 우정입니다.

우정의 역할

만약 우리 주변에 친구나 동료가 없다면 어떨까요? 생각해보면 그다지 기분 좋은 일은 아닐 것입니다. 아동기나 청소년기를 보면 하루의 일과 중 많은 시간을 함께 보내는 것이 바로 친구입니다. 가족보다 하루를 함께 보내는 시간이 훨씬 많죠. 친구와의 관계는 하루를 얼마나 긍정적이고 건강하게 보낼 수 있는지와 관련이 있기에 일상에서 진정한 우정은 중요합니다. "어려울 때 친구가 진짜 친구다."라는 말도 있는데요. 이처럼 친구와 시간을 함께 보내는 것은 그 사람의 일상을 풍요롭게 할 것입니다.

그런데도 바쁘다는 핑계로 친구와의 우정을 소홀히 하거나 깊은 관계를 맺지 못하는 경우도 있습니다. 그러나 알고 보면 친구와 함께 있을 때 웃는 시간이 늘어나게 되고 이는 삶을 긍정적으로 변화시켜줍니다. 물론 많은 사람에게 둘러싸여 있는 것을 부담스럽게 느끼거나 싫어할 수도 있습니다. 그러나 우정은 사회성을 길러주고 연인이나 가족이 해주지 못할 일을 함께 해주기도 합니다.

또한 친구와의 우정에서 자신이 잘하는 것이 무엇인지, 대인관계에서 부족한 것이 무엇인지 알게 해주고 부족한 점을 보완할 수 있도록 해줍니다. 그렇기에 우정은 삶을 살아갈 때 우리를 더 나은 사람으로 만들 수 있게 하고, 삶을 긍정적으로 살아갈 수 있게 합니다.

인생에서 중요한 일과 여가

일이 있기에 여가가 더욱 가치 있게 느껴지고,
여가를 통해 더 생산적으로 일할 수 있습니다.

일과 여가의 의미

아들러의 개인심리학에서 설명하고 있는 인생과제의 세 번째는 일과 여가입니다. 일이란 자의든 타의든 무언가를 수행하는 것을 뜻합니다. 경우에 따라 직업이 될 수도 있고, 약속, 과제 등 여러 의미로 표현이 가능합니다. 이 세상에서 혼자서 하는 일은 거의 없습니다. 어떤 일을 하든지 타인과 함께하며 동료가 존재하죠. 그런 의미에서 일은 공동체적인 성질을 포함하고 있습니다.

그러나 아들러는 인생의 세 번째 과제에서 일만 설명하지 않고, 여가도 함께 설명했습니다. 여가는 일에 반대되는 개념으로 휴식-취미 활동 등으로도 설명이 가능합니다.

세상에는 수많은 일이 있고 어떻게 정의 내리느냐에 따라 그 의미도 달라집니다. 같은 일을 하면서도 사람에 따라 그 일을 대하는 태도가 다릅니다. 일이란 자기실현이며, 자신의 정체성을 드러낼 수 있고, 일을 통해 사회적 관계를 형성할 수 있습니다. 일을 통해서 개인은 성취감을 느낄 것입니다. 뿐만 아니라 앞으로 나아가는 원동력이 될 수 있습니다.

일과 함께 언급되는 여가란 자발적으로 원해서 즐기는 활동을 뜻합니다. 일에 관한 보상이자 삶의 질을 높이는 하나의 수단이 될 수 있습니다. 사람마다 여가에 관한 생각이 다르겠지만, 공통적으로 하던 일이 끝났을 때나 시간을 내서 휴식시간을 가질 때를 여가라고 말할 것입니다.

우리에게 여가는 삶에서 필요하고 없어서는 안 될 부분입니다. 여가는 우리를 다시 움직일 수 있게 하는 원동력이 됩니다. 또한 자신이 하고 있는 일에서의 성취감을 더욱 커지게 할 수도 있죠. 아들러는 우리의 삶을 건강하게 유지하기 위해 필요한 부분 중 하나가 여가라고 설명했습니다.

일과 여가의 관계

우리는 행복해지기 위해서 살아갑니다. 일 자체에서 얻는 행복도 있지만, 그 후에 따르는 여가를 위해 열심히 일하기도 합니다. 일과 여가는 행복해지기 위해서 계속 반복되는 활동입니다. 그래서 일과 여가의 균형적인 관계가 중요합니다. 일에 너무 비중이 치우쳐도 행복하지 않고, 너무 여가에만 치우쳐도 생산적이지 못한데요. 둘의 관계가 적절할 때 삶을 건강하게 영위할 수 있습니다.

여가에는 셀 수 없이 다양한 활동이 존재하며, 동일한 활동이 누군가에게는 여가이지만 누군가에겐 스트레스로 느껴질 수도 있습니다. 그러나 일반적으로 일에서 받은 스트레스를 여가를 통해 해소한다고 말합니다. 그렇기에 우리는 여가를 통해 재충전하며 이후 더 나은 생산적 활동을 기대합니다.

이러한 기대에 부응하는 방법으로 최근에는 여가 시간에 관한 소중함을 일깨워주는 방법을 고안했는데, 그중 하나가 마음챙김mindfiulness이라는 명상법입니다. 스스로의 마음을 알아차릴 수 있도록 명상하는 동안, 일이나 그 밖의 다른 생각은 하지 않은 채 오로지 자신만을 알아가는 시간을 갖습니다. 이러한 자신만의 여가 시간을 통해서 자기실현을 할 수 있고, 행복해지기도 하며, 생산적으로 일하도록 만듭니다.

일이 없는 여가, 그리고 여가 없는 일은 상상할 수 없습니다. 일이 있기에 여가가 존재하고 가치 있게 느껴질 것입니다. 마찬가지로 여가를 통해 재충전이 기능하기에 생산적으로 일을 할 수 있습니다. 즉 일과 여가는 떼려야 뗄 수 없는 불가분의 관계에 있습니다.

인생에서 영성의 역할

인생과제에서 영성은 가장 근본적인 인생과제로
나 자신을 알고 타인을 이해하는 첫걸음이 됩니다.

영성과 충만한 자기 개념

사람들은 자신에 관해 많은 관심을 갖고 있습니다. 내가 누구인지, 무엇을 좋아하는지, 어떤 일을 하고자 하는지 등 자신에 관해 외모적으로나 심리적으로 혹은 사회적으로 많은 관심을 갖고 있습니다. 우리는 진정한 자신의 모습을 찾고자 많은 시간을 할애해가며 노력합니다. 그러나 자신에 관해 제대로 알고 있는 사람은 그다지 많지 않기 때문에 내가 누구인지에 관한 물음에 답을 잘못하는 경우가 있습니다.

아들러의 개인심리학에서 설명하고 있는 영성은 가장 근본적인 인생과제이기도 합니다. 우주, 절대자, 초월 등과 관련되어 있는 개인의 영적 측면을 뜻합니다. 이러한 영성을 발달시키기 위해서는 명상, 기도 등 영적 활동이 필요합니다. 개인에게 있어 영성은 자신의 내적인 삶을 발전시키고 충만하게 하는 데 목적이 있습니다. 이 목적을 바탕으로 물아일체적인 개념을 갖고, 자신을 찾고 이해하고자 하는데요. 여기서의 영성은 특정 종교와 결부되어 있는 것이 아니라 개인의 초월적 성향을 뜻하는 것입니다. 그렇기에 영성은 분명 보편적이고 개인의 사적인 개념입니다.

우리는 영성을 통해서 충만한 삶을 영위하고자 노력해야 합니다. 이는 개인 내면의 스스로를 가꾸고 성장시키는 과정입니다. 어떤 사람은 영성에 관해서 부정적일 수도 있겠지만, 이것은 물아일체의 개념이기에 보편적이고 긍정적입니다. 또한 영성은 종교적으로도 설명가능하지만 그렇다고 해서 종교에 국한되어 설명하는 것은 아닙니다.

영성은 개인의 정신적인 측면이기에 사회적 맥락에서 자신을 설명하는 것이 아니라 진정한 자기를 찾아가는 과정으로 일차적이고 근본적인 본연의 모습에서 출발합니다. 뿐만 아니라 영성은 개인의 안녕과도 연결되어 있습니다. 영성을 통해 자신에게 희망, 낙관, 삶의 의미를 부여할 수 있습니다.

더 나아가 영성은 개인의 사회적 관심을 확장시켜 이타적인 모습으로 나타납니다. 영성을 통해서 타인에 관한 관심을 갖고, 더불어 살 수 있는 사회를 만들어갈 것입니다. 그렇기에 영성은 개인, 타인, 사회의 잠재된 성장 가능성을 일깨워줄 수 있습니다.

영성의 역할

영성이라는 인생과제를 수행하는 것은 개인 내면의 진짜 모습을 찾는 것이므로 영성을 쫓는 것은 단단한 자기 확립에 도움을 줄 수 있습니다. 영성은 행복을 얻는 데 한 발짝 다가갈 수 있습니다. 그렇기에 영성은 자신이 진정으로 원하는 것이 무엇인지, 자신의 진정한 성격이 무엇인지 일깨워줄 수 있습니다.

스스로를 충분히 알기 위해서는 외부의 사람들에게 드러낸 자신의 모습보다 진정한 자기를 찾는 것이 중요한데요. 외부에 국한된 모습만을 강조하다 보면 진정한 자신이 누구인지 모르게 될 것이고, 정체성의 혼란을 겪게 될 것입니다. 그렇기에 영성은 우리에게 필요합니다. 한 개인이 자신에게 있어 영성을 찾고 개발한다는 것은 나 자신을 알고 타인을 이해하는 첫걸음이 될 것입니다.

영성은 개인이 사회를 살아가는 데 일차적이고 근본적인 요소로, 자기 개념을 확립하는 데 필수적이고 기본적인 인생 과제입니다. 진정한 자신의 모습을 찾지 못한다면 우리 사회를 살아가면서 여러 사람에게 휘말릴 것이고, 정체성이 제대로 확립되지 못해 자신을 순수하게 믿지 못할 것입니다. 뿐만 아니라 자기탐색 같은 중요한 부분에서 차질을 겪어 앞으로의 중요한 의사결정에 있어 어려움이 생겨날 것입니다.

영성은 우리가 실패를 경험함으로써 스스로 잘못된 점을 알게 만들고, 미래에 이 같은 실패를 반복되지 않게 다짐하고 머리에 각인시키는 행동도 포함하고 있습니다. 그렇기에 한 개인이 자신에게 있어 영성을 찾고 개발한다는 것은 나 자신을 알고 타인을 이해하는 첫걸음이 될 것입니다.

아들러는 우리에게 능동적이고 낙관적인 삶을 제안합니다. 스스로를 존중하고 꿈과 목표를 통해 한계를 극복함으로써 자신을 타인과 세상에 연결하는 인생양식을 강조했습니다. 질문 기법, 단추 누르기 기법, 스프에 침 뱉기 기법, as if 기법, 과제 설정하기 기법, 자기포착하기 기법, 역설 기법, 초기기억 기법, 꿈 분석 기법, 격려하기 기법 같은 아들러의 라이프 코칭 전략을 통해 행복한 삶을 가꾸어 갈 수 있습니다.

PART Ⅶ

아들러가 전하는

행복을 위한 라이프 코칭

거울에 비친 내 모습

자기포착하기의 최종 목표는 부정적인 행동은 줄이고, 긍정적인 방향으로 변화를 이끄는 것입니다.

자기 자신을 있는 그대로 알기

자신의 삶에 만족하는 사람의 공통점은 자신을 잘 알고 있다는 점인데요. 우리 자신이 누구인지 잘 알고 있는 사람은 그다지 많지 않기에 스스로를 찾고자 하는 노력에 많은 시간을 할애하곤 합니다.

그렇다면 자신을 알기 위한 방법에는 어떤 것이 있을까요? 스스로를 이해하고 바라보는 자신만의 방법이 필요한데요. 아들러의 개인심리학에서는 '자기포착하기 기법'을 제시하고 있습니다. 자기포착하기 기법은 마치 거울에 비친 나의 모습을 보듯 이를 통해 자신을 파악하는 방법입니다.

자기포착하기 기법은 자기비난을 하지 않는 선에서 자기파괴적인 행동이나 비합리적인 사고를 인식하도록 하는 방법입니다. 즉 자신이 원하지 않는 생각이나 행동을 시작하는 순간을 포착해서 더 이상 진행되지 않도록 하는 방법이죠.

어려움을 호소하는 사람을 보면, 부정적인 생각이나 행동을 반복합니다. "안 될 거야.", "해서 뭐해."와 같은 생각을 반복적으로 하다 보면 깊은 수렁에 빠지는 자신의 모습을 발견하게 됩니다. 이러한 부정적이고 반복적인 자신의 표현을 꾸준히 기록하다 보면 무엇이 문제인지를 정확히 확인할 수 있는 순간이 오게 되고, 변하고자 하는 마음으로 이어지게 됩니다. 그러한 마음은 효과적으로 변화된 행동을 실행하는 방법을 배울 수 있게 만들고 좀 더 쉽게 자신의 목표를 성취할 수 있게 합니다.

기록하기를 하다 보면 반복적으로 범하는 부적응적인 행동을 스스로 알아차릴 수 있습니다. 결국 자기포착하기 기법은 부적응적인 생각과 행동을 방지할 수 있도록 돕는 방법 중 하나가 될 것입니다.

이 기법을 통해 행동을 선택하는 주체가 자신임을 깨닫고,

자기 패배적인 행동을 제거하는 것이 유익하다는 사실을 알 수 있습니다. 아는 것에서 그치지 않으려면 자신이 열망하는 변화된 행동을 위해서 목표를 분명하게 이해하고 변하려는 노력이 필요합니다. 그 시작은 자기 모습을 있는 그대로 아는 것에서부터 출발하는데요. 이는 효과적으로 변하는 방법을 배우고, 더 쉽게 자신의 목표를 성취할 수 있게 도와줄 것입니다.

긍정적으로 변화하기

자신의 목표를 이해하고 그에 따라 변하기 위해선 스스로의 모습을 있는 그대로 파악해보는 기회가 필요합니다. 그러기 위해 스스로에게 자기포착하기를 적용해보는 것이 필요합니다.

이는 마치 자신의 전신을 거울 앞에 서서 보는 것과도 같습니다. 처음에는 거울을 통해 자신의 전신을 보는 것이 익숙하지 않은 경험이겠지만, 반복적으로 거울 앞에 서면 거울에 비친 자신의 모습이 자연스럽게 되는 것처럼 자기포착하기를 꾸준하게 하는 것은 나의 실제 심리적인 상태, 즉 자신의 마음을 들여다볼 수 있는 좋은 방법이 될 것입니다.

우리의 행동에서도 마찬가지입니다. 개인의 행동은 일생에 걸쳐서 계속해서 반복되어 축적되어온 결과물이라고 하겠습니다. 그렇기에 열망하는 행동을 하기까지 부가적인 노력이 필요합니다. 처음에는 실패할 수 있지만 변하기를 열망하며 계속적으로 자기 모습을 파악할 수 있다면 변할 수 있는 가능성은 커지는데요. 계속적인 연습을 통해 개인은 변화의 과정을 학습할 수 있고, 자신의 목표를 성취해 갈 것입니다.

개인의 모습은 자신이 만들어나가는 것이기 때문에 행동 하나하나를 의식하면서 스스로를 포착하려고 노력하는 것이 중요합니다. 부정적인 행동은 줄이고 긍정적인 방향으로 변화를 하는 것이 최종적인 목표입니다.

물론 자신의 부끄러운 부분을 들여다보는 것은 결코 유쾌한 경험은 아닐 것입니다. 그러나 자신의 약점이나 단점을 직접 들여다보는 것을 통해서 그 모습이 어떤지 자각하고 인정하는 과정이 필요합니다. 이 과정은 세상을 향해 쓰고 있는 가면 뒤 숨겨진 자신의 실제 모습을 볼 수 있는 좋은 기회를 제공할 것입니다.

행복한 삶을 만드는 데 자신이 진정으로 원하는 것과 스스로의 강점만을 부각해서는 안 될 것입니다. 나의 약점을 채워나 가는 즐거움을 느낄 수 있는 기회가 있어야 긍정적인 방향으로 변화가 일어날 것입니다.

좋은 기억은 희망을 만들어 냅니다

기억은 사람이 가지고 있는 가장 든든한 자원입니다.
기억을 통해 미래를 계획하면 삶은 행복해질 것입니다.

초기기억 기법, 기억의 중요성

사람에게 기억은 중요합니다. 기억은 사람의 정체성을 결정하는 중요한 요소입니다. 만약 매일같이 기억을 잃게 된다면 어떨까 상상해보면 정말 끔찍할 것입니다. 우리의 소중한 과거를 기억할 수 없고, 그 기억을 주변 사람과 공유할 수 없다는 사실은 생각하기조차 싫은 일일 것입니다. 또한 주변 사람에게 자신이 어떻게 보일 것인가를 결정하는 중요한 요소가 바로 기억입니다. 나를 좋아하는 사람이 누구이고 나와 친한 사람이 누구인지를 기억하는 것은 참으로 행복한 일인 동시에 중요한 일입니다.

그래서 우리에게 기억은 삶을 살아가는 데 있어서 중요한 역할을 하고 있습니다. 그럼에도 불구하고 공기처럼 항상 내 곁에 있기에 그 중요성을 인식하지 못하고 지내는 경우가 많은데요. 아무리 하찮아 보이는 것이라도 기억할 가치가 있다는 뜻입니다. 기억을 떠올린다는 것은 내가 그 순간, 그 당시의 모습에 어떤 가치를 부여했다는 것입니다. 그렇기에 우리는 그 기억을 오랫동안 유지할 수 있고, 떠올릴 수 있습니다.

아들러는 어린 시절 경험 중 구체적이며 특수한 기억을 초기기억이라고 했습니다. 이 초기기억이 그 사람의 자기관, 타인관, 인생관, 세계관을 말해준다고 설명했습니다. 초기기억은 한 개인의 성격 파악의 열쇠이자 최초의 결단, 초기 삶의 목표, 생활양식 등이 고스란히 들어있는 보고입니다.

아들러에 의하면 초기기억은 여러 기능을 하는데, 먼저 초기기억은 개인의 행동에 관한 지침이 됩니다. 현재 어떤 결정을 해야 할 때 지금까지 자신이 어떻게 해왔는지를 토대로 결정합니다. 결정에 있어 지금까지 만족할 만큼 좋았던 기억이 많았다면 이번에도 좋을 것이라는 기대를 갖고 유사한 결정을 할 것입니다. 그러나 좋지 않았던 기억이 많았던 결정이었다면 결정하는 데 있어 신중함을 기하게 할 것입니다.

둘째, 초기기억은 그 사람의 허상을 이해하는 데 도움이 됩니다. 허상은 개인의 잘못된 신념과 논리를 포함하고 있습니다. 초기기억을 통해서 잘못된 신념과 논리를 파악할 수 있다면 변화의 가능성이 높아질 것입니다.

셋째, 목표를 향해 움직이도록 합니다. 초기기억은 자신이 원했던 모습이 무엇인가를 찾아 진정으로 원하는 모습, 꿈, 목표 등을 향해 나아가도록 돕습니다. 자신의 꿈이 무엇이냐고 물었을 때 "목표가 있었던가?"라고 대답하는 경우가 있습니다. 어느 순간 바쁘다는 핑계로 목표를 잊어버리고 사는 경우가 있는데요. 초기기억은 이러한 자신의 꿈이나 목표를 되찾게 해주는데 유용합니다.

결국 아들러는 초기기억을 개인이 그 자신의 생활양식에 관한 통찰을 얻는 데 사용하는 것으로 설명했습니다. 코칭에서 코치는 피코치의 초기기억을 해석함으로써 현재 태도와 의도를 있는 그대로 반영해 이해시켜줄 필요가 있습니다. 초기기억은 그 사람의 잘못된 신념과 개인적 논리를 축약해서 보여주기 때문입니다. 초기기억의 심상을 적극적으로 해석하는 것은 그 사람의 잘못된 신념과 행동을 스스로 인식하도록 하고, 긍정적인 방향으로 이끌어가는 데 큰 역할을 할 것입니다.

기억을 통해 희망을 가질 수 있는 방법

우리는 어떤 문제에 대처할 때 마음가짐을 갖추기 위해 도움이 되는 기억을 불러내기도 합니다. 반드시 성공했던 좋은 기억만을 떠올릴 필요는 없습니다. 개인이 간직하고 있는 초기기억에는 과거에 경험한 사건의 의미와 자신의 한계를 느끼게 해주는 내용도 있습니다. 이러한 기억이 모여 과거 자신의 상황과 현재 상황의 유사점을 찾고 같은 실수를 반복하지 않게 하기 위해서, 그리고 미래의 일에 관해 올바르게 대처할 수 있도록 도와줍니다. 그 과정에서 변화 가능한 희망이 생깁니다.

우리는 인생을 살아가면서 수많은 사건을 경험하고 그에 따른 선택을 합니다. 그리고 다양한 감정 중에서 자신이 선택한 것을 기억합니다. 우리는 과거 실패했던 경험으로 새로운 교훈을 얻어 똑같은 실수를 반복하지 않게끔 주의하거나,

성공했던 기억을 생각하며 자신의 미래에 관한 기대를 불러 일으키는 등 각자의 방법으로 기억을 이용합니다. 이를 통해서 미래를 보다 긍정적으로 생각하고 바라볼 수 있는 희망을 갖게 됩니다. 결국 무엇인가를 경험하는 그 자체가 중요한 것이 아니라 그 경험을 통해서 어떤 기억을 갖고 있느냐가 중요합니다.

우리는 행복한 기억을 갖기 위해 노력하곤 합니다. 그러나 기억은 자신이 의식하는 것과 의식하지 못한 것까지 포함되어 있습니다. 심지어 의지와는 별개로 생성되고 유지되며 저장되기도 합니다.

이러한 기억은 우리의 삶에 그대로 녹아있습니다. 그것이 좋은 기억이든 나쁜 기억이든 모두 우리의 삶에 영향을 미칠 수 있다는 뜻입니다. 다른 측면에서 보면 행복한 기억만을 붙잡고 살아가는 것은 불가능한 일이기 때문에 그러한 삶은 결코 행복하지 않습니다. 실제 자신의 삶과 기대하는 기억 사이에서 어쩌면 우리의 삶은 그 괴리감 때문에 힘들어지는지도 모릅니다.

그렇기에 기억을 만들기 위해 애쓰기보다 "기억을 어떻게 이용할까?"라고 생각을 바꾸는 것이 필요합니다. 기억은 사람이 가지고 있는 든든한 자원입니다. 직접 경험한 감정과 사고와 간접 경험으로 쌓인 지식 등이 우리의 삶을 지탱하는 단단한 자원이 됩니다. 닥쳐올 미래를 대비하는 방안으로 기억을 활용할 수 있다면 우리의 삶은 행복해질 것입니다.

꿈이 주는 메시지

꿈은 현실 속 문제의 해답을 찾고 있는 노력의 산물이자
미래를 대비하게 해주는 매우 중요한 자료입니다.

꿈은 현재의 단면이자 미래에 관한 연습

꿈은 우리가 현재 가지고 있는 문제를 보여줍니다. 주로 꾸는 꿈의 내용, 전개, 특성 등을 알 수 있다면 그 사람의 심리상태나 성격 등을 파악해 볼 수 있습니다. 또한 꿈은 어떤 상황에 닥쳤을 때 어떻게 대처할 수 있는지 보여주며, 현실 속 문제의 해답을 찾는 데 도움을 주기도 합니다. 꿈은 우리가 현재 일상생활에서 가지고 있는 난관과 그것을 해결하고자 하는 걱정이 드러나는 수단이기도 합니다. 그래서 꿈은 현재이자 미래라고 말합니다.

아들러는 꿈이 우연히 나타나는 사건이 아니라 꿈에는 우

리의 욕구나 소망과 같은 내용이 담겨 있다고 설명했습니다. 그래서 꿈은 개인이 추구하는 안정, 행복에 도달하기 위해 나아가는 과정 중에 나타나는 어떤 것이 된다고 말합니다. 안정과 행복을 추구하기 위해서는 현실에서 목표를 설정하고, 그 목표를 달성하기 위해 끊임없는 훈련을 반복해야 합니다. 그런 가운데 꿈은 개인의 목표를 설정하고 달성해 가는 과정에서 나타나는 표식이자 수단이 됩니다.

중요한 시험을 앞두고 있는 시험 준비생이 시험에 관한 꿈을 꾸는 경우, 중요한 발표를 앞두고 있는 직장인이 발표에 관한 꿈을 꾸는 경우, 군입대를 앞두고 있는 청년이 군대에 관한 꿈을 꾸는 경우 등을 보면 꿈에 그들의 욕구나 소망의 내용이 담겨 있음을 알 수 있습니다. 꿈에서 시험에 합격하는지 혹은 불합격하는지, 중요한 발표를 멋지게 하는지 망치는지, 군대에 입대하는 두려움 등을 꿈으로 꾸는 행위는 개인의 목표를 설정하고 달성해 가는 과정에서 나타나는 표식이자 수단임을 알려주는 사실이기도 합니다.

아들러는 꿈을 개인의 생활양식이 다르게 표현된 것이라고 설명했습니다. 꿈은 무의식을 반영하기 때문에 내면에 있는 생각과 감정을 반영합니다. 그렇기에 꿈은 개인의 어떤 사물이나 사건 등에 관한 평소의 생각과 태도 등을 나타내줍니다. 꿈을 통해 개인의 기본적인 특성을 알 수 있듯이 목표를 설정하고 달성하는 과정에 관해서도 꿈을 통해 파악할 수 있습니다.

꿈은 생활 속 문제의 요약이자 해답

꿈은 현실을 그대로 보여주기도 하고, 왜곡해서 보여주기도 합니다. 그러나 우리가 알아야 할 것은 결국 꿈이 현실을 보여주고 있다는 점입니다. 현재 우리가 가지고 있는 생활양식은 좀처럼 쉽게 변하지 않는데요. 그렇기에 꿈에서 특정한 소재가 나왔을 때 대처방식coping이 현실과 유사하다면 이는 미래에 똑같은 상황을 만났을 때 자신의 행동과 감정이 꿈과 같을 것이라고 예측할 수 있습니다.

꿈의 어떤 특정 내용에 관해서 슬프거나 화가 나는 등의 부정적인 감정을 호소하는 경우를 생각해보겠습니다. 그 사람은 현실의 그 사안에 관해서 혹은 그 사안과 관련된 부분에 문제가 있다고 생각해볼 수 있습니다. 생활양식은 일관성을 가지고 있다는 측면에서 지금의 문제가 과거에서부터 현재까지 연결되어 있으며 앞으로도 계속될 것이라고 예상해볼 수 있습니다.

꿈의 내용과 한 개인의 생활양식은 연결되어 있고, 특별히 기억할 만한 경험이 상징화되어 꿈에서 나타난다고 볼 수 있습니다. 꿈은 현실의 문제를 요약해서 보여줄 수도 있기 때문입니다. 그렇기에 꿈을 가볍게 여기지 말아야 합니다. 꿈은 현재 우리의 생활을 보여주는 거울이기 때문인데요. 꿈은 자신의 생활이 나아가고 있는 방향을 보여주고 스스로가 이 현실을 어떻게 바라보고 있는지 보여주는 지침이 되어줄 것입니다.

꿈은 우리가 세상을 어떻게 바라보는지 알려주는 표상이기도 합니다. 무엇이 문제인지 모를 때 꿈을 통해 문제의 원인을 파악하고 해결한 이야기를 들은 적이 있을 것입니다. 상징, 은유, 단순화라는 모습으로 우리에게 나타나는 꿈은 현실 속 문제의 해답을 찾고 있는 노력의 산물이자 미래를 대비하게 하는 소중한 우리의 일부입니다. 그렇기에 꿈에 관한 이해를 충분히 해야 합니다. 꿈을 통해서 자신을 알고 미래를 설계할 수 있기에 꿈이 주는 메시지의 가치를 소중히 여겨야 합니다.

있는
그대로의 나

자신의 단점마저 사랑할 수 있을 때, 자신을 이해하며 진정으로 사랑하게 되는 계기가 될 것입니다.

스프에 침 뱉기 기법, 직면하기

실패를 통해 그 결과를 긍정적으로 받아들이고 극복한 사람은 성장합니다. 실패하게 된 원인을 파악하고 그러한 결과가 나오기까지의 과정을 돌아보면 배울 수 있는 것이 있습니다. 그렇게 익힌 것을 바탕으로 우리는 성장합니다. 그러나 실패가 성장만을 가져오는 것은 아닙니다.

실패를 하다보면 자기패배적인 생각과 함께 현실로부터 도피하려고 합니다. 자기 패배적인 생각은 실패로부터 오는 자괴감으로부터 도망치고, 타인의 시선으로부터 지신을 보호할 수 있는 등 여러 이점이 있습니다. 그러나 이러한 상태가 오래도록 지속되는 것은 건강한 삶에는 도움이 되지 않습니다. '스프에 침 뱉기 기법'은 자신을 있는 그대로 만나도록 직면을 통해 본인의 현재 상태를 스스로 인지하고 극복할 수 있도록 도와줍니다.

스프에 침 뱉기 기법은 코치가 피코치의 자기 패배적 행동에 숨겨진 목적을 드러낼 때 그것을 생생한 말로 기술하는 것입니다. 숨기고 싶어하는 의도를 직접적으로 정확하게 짚어서 말해줌으로써 피코치가 이에 민망함을 느끼고 불편하게 만드는 것입니다. 그리하여 더이상 그 행동을 하지 않게 유도하는 것입니다. 피코치의 의도를 정확하게 잘 파악하고 직접적으로 날카롭게 설명하는 것이 직면하기에 있어 중요한 관건입니다. 이것이 바로 자신의 문제에 직접적으로 다가가도록 하는 방법입니다.

아들러식 코칭기법에서 말하는 직면이란 정밀하게 검토 후 개인이 자신의 주관적인 논리 혹은 신념에 도전하도록 통찰을 얻을 수 있게 하는 기법입니다. 직면은 해석과 함께 개인이 잘못 가지고 있는 기본 가정과 목표를 깨닫게 해 건설적인 신념으로 대체할 수 있게 해줍니다.

직접적으로 직면하는 것은 개인 입장에서는 당황스럽고 부끄러운 일일 것입니다. 그러나 문제를 해결하기 위해서는 자신이 하는 행동에 숨겨진 목적과 그로 인해 초래될 결과까지 피하지 않고 똑바로 마주하고 바라보는 것이 반드시 필요합니다.

단점도 내가 사랑해야 할 모습

직면confrontation이 있는 그대로의 자신을 만나는 것이라면 우리는 직면을 통해 잘못된 주관적 인식과 동기를 효율적으로 수정할 수 있습니다. 예를 들어 피곤하다는 이유로 아침부터 어머니께 찌증내는 자녀가 있었습니다. 사실 그렇게 찌증내는 것은 피곤해서 그럴 수 밖에 없었다는 책임 회피가 담겨 있습니다. 그 이유에 직접적으로 직면하는 것은 민망하고 불편한 일이지만 자신의 잘못을 즉각적으로 깨닫는데 효과가 있을 것입니다. 결과적으로 자신의 행동을 성공적으로 바꾸기 위해서는 당당하게 직면하는 자세가 필요합니다.

우리는 직면, 즉 있는 그대로의 모습을 마주하거나 드러내는 것에 불편함을 느끼고 꺼려합니다. 겉으로 보이는 모습이 아닌, 있는 그대로의 내 모습을 마주한다고 상상하면 자신이 숨기고 있던 치부를 들키는 것 같아 부끄럽기 때문입니다. 그러나 있는 그대로의 자신과 만나야 합니다. 그 이유는 숨기거나 포장된 모습이 아닌 순수한 그 자체의 모습을 적어도 본인은 알고 있어야 하기 때문인데요. 부끄러운 부분까지 변화를 주도할 수 있는 힘 또한 자신에게 달려 있기 때문입니다.

있는 그대로의 자신을 본다면 헐벗은 느낌에 민망하기도 하고, 자신의 치부를 부정하며 가리려고 할 수도 있습니다. 그만큼 보고 싶지 않고 바라지 않던 지신의 모습까지 마주해야 한다는 것은 생각보다 힘들고 두려운 일입니다. 우리는 자신과 타인에게 잘 보이고 싶은 마음을 갖고 있기에 보이고 싶지 않은 자신의 일부를 감추고자 합니다. 그러나 일부를 감춘다고 해서 사라지는 것이 아니죠. 눈에 띄지 않는 곳에 숨겨두었다고 해서 신경 쓰이지 않는 것도 아닙니다. 그래서 결국 부정하고 싶었던 그 모습도 내 모습임을 인정해야 합니다.

이는 앞으로 자신의 모습을 어떻게 채워나갈 것인지 생각해볼 수 있는 계기로 확장이 가능합니다. 자신의 부족함을 파악하고 채워나가는 모습을 보며 긍정적인 사고를 가질 수 있게 된다는 뜻입니다. 자신의 단점을 단순히 덮기만 하지 않고, 단점 또한 사랑할 수 있을 때 직면은 우리에게 있어 자신을 깨닫고 사랑하게 되는 계기로 다가올 것입니다.

넘어질까
두려워하는 이들에게

as if 기법을 통해 평소에 힘들어했거나 두려워했던
일을 시도하면 자존감과 자신감이 높아질 수 있습니다.

as if 기법, 두려움이란 무엇인가?

아들러는 모든 생명체 안에는 근원적 두려움이 있다고 설명했습니다. 우리는 누구나 두려움을 가지고 있으며, 각자 자기 나름대로 두려움에서 벗어나기 위한 방법을 가지고 있습니다. 그 방법이 두려움을 성공적으로 떨쳐내 주기도 하지만 그렇지 못하는 경우도 많습니다.

살면서 겪는 두려움에는 무엇이 있을까요? 누구나 무언가를 바라며 자신이 갖지 못한 것에 관해 동경과 함께 불안정함을 느낍니다. 그리고 그 불안정함이 두려움으로 연결이 되는데요. 아들러는 'as if 기법'을 통해 이 두려움을 이해하고 벗어나야 한다고 설명했습니다.

아들러식 코칭기법 중 as if 기법은 미래의 사건, 신념 혹은 바라는 행동을 예상하고 가정해 보는 것입니다. 이때 인지적, 행동적 측면 혹은 인지행동적 측면에서 개입할 수 있습니다. 이 기법은 미래 목표를 앞당기는 데 중요합니다.

as if 기법의 대표적인 질문은 "당신에게 이러한 문제가 없었다면 현재 삶이 어떻게 달라졌을까요?"라고 질문하는 것입니다. 여기서 말하는 문제는 현재 가지고 있는 두려움을 뜻하며, 마치 목표를 달성한 것처럼 행동해볼 것을 제안합니다. 현재 가지고 있는 두려움에서 벗어나기 위해서 "이 문제가 없었다면 어땠을까?"라고 생각하고 행동해 보는 것입니다.

가정을 통해 생각해보는 것은 개인의 현재 신념과 문제 인식을 변화시키고 통찰력을 제공하며 용기를 북돋아 주는 데 효과가 있습니다. 또한 새로운 행동을 시작하기 용이하게 만듭니다. as if 기법은 현재 행동습관을 변화시키고 문제가 있는 행동을 새로운 방향으로 바꿀 수 있습니다.

어쩌면 자신이 만든 잘못된 평가에 관해 어설픈 통찰과 반성은 효과적이지 않습니다. 왜냐하면 통찰력을 갖는 것은 매우 어려운 일이기 때문입니다. as if 기법은 두려움을 외면하도록 하고 덜 중요하게 여기는 것이 아니라 두려움으로 이어지는 실패에 관한 실망을 최소화하는 기법입니다.

두려움을 벗어나기 위해서 해야 하는 일

자신의 목표나 미래에 관해서, 지금 처한 어려운 상황을 이겨내는 장면을 상상해보거나 말해보는 것만으로도 우리는 내면의 힘을 가질 수 있습니다. as if 기법은 자신이 이루고 싶은 것을 계속 생각하고 말하며 그것이 이미 실현된 것처럼 행동하는 것을 말합니다. 더 나아가 아직 이루지 못한 일이 있다면 이미 이루어졌다고 희망적으로 생각하는 것 그 자체가 as if 기법에서 중요합니다.

우리는 자신의 세계에 관해 생각틀schema을 만들어 내는데, 이러한 생각틀은 삶을 살아가는 방법의 안내자로서 기능하는데요. 사실 생각틀은 허구입니다. 생각틀은 실제 세계와 닮을 수도 있고 닮지 않을 수도 있는 구성된 개념일 뿐입니다. 그러나 사람들은 이 생각들을 마치 실제인 것처럼 여기며 그에 따라 행동합니다.

아들러는 부정적인 생각들에 관해서 조심caution, 불안anxiety, 우울depression로 구분해 설명했습니다. 조심은 두려운 일이 생길지도 모른다는 것처럼 행동하는 것이고, 불안은 마치 두려운 일이 생길 것처럼 행동하는 것이며, 우울은 마치 두려운 일이 벌어진 것처럼 행동하는 것입니다. 조심-불안-우울로 갈수록 경직의 정도가 커지는데 이는 모두 알고 보면 허구입니다.

지나친 조심은 불안을 야기하게 만듭니다. 불안하다 보면 나도 모르는 사이에 우울이 찾아오기 마련입니다. 이러한 우울로 인해서 아무것도 하지 못하는 무력한 자신의 모습을 보면 한탄하게 되고, 이러한 반복적인 과정은 악순환으로 이어져 자신을 힘들게 하고 억누를 것입니다.

우리는 이러한 부정적인 감정에서 벗어나기 위해서 스스로를 격려해 마치 이러한 일이 일어나지 않을 것처럼 행동할 수 있습니다. as if 기법을 통해서 자신이 평소에 힘들어했거나 두려워했던 일을 시도해보는 것이 좋습니다. 그러면 자신감과 지존감이 높아지고, 자신에 관한 믿음이 커지는 것을 경험할 것입니다. 또한 as if 기법이 좀 더 효과적이 되려면 자신의 삶에 적용할 때 목표를 설정하는 과정이 선행하도록 해야 하며, 행동으로 옮길 때는 구체적으로 실천하는 것이 중요합니다.

확신감을 갖기 위한 전략

확신감을 갖기 위해서 우리는 계속
질문하고 또 질문해 깊이 있게 파고들어야 합니다.

질문기법, 돌다리도 두들겨 보자

우리는 잘 알고 있다고 확신함에도 불구하고 실수를 하곤 합니다. 잘 알고 있다고 확신하는 일일수록 주의집중하고 세심하게 살펴봐야 합니다. 자신이 알고 있다고 생각하는 것과 실제로 알고 있는 것에는 어느 정도 차이가 있기 마련입니다.

그러나 일상생활에서 이를 인식해 구분하는 경우는 드물죠. 안다고 생각하는 문제에 굳이 주의집중해야 한다는 것 자체가 누군가에게는 귀찮은 일일 수 있는데요. 실수가 발생한다 하더라도 큰 문제가 되어 불편함을 느끼지 못한다는 이유로 주의할 필요성을 느끼지 못하는 경우도 있습니다.

아들러식 코칭기법 중 질문기법은 개인이 알지 못하고 있던 자신의 생활양식 전반에 관해 검토할 수 있는 기회를 제공하는 기법입니다. "당신이 좋아진다면 무엇이 달라지는가?"와 같은 개방형 질문을 통해 개인이 내면의 깊은 수준에서 생활양식, 심리상태, 신념, 행동, 감정, 사고방식, 목표 등에 관해 탐색할 수 있도록 합니다.

'돌다리도 두들겨보자.'의 의미는 돌다리가 아무리 튼튼하고 안전해도 그 다리를 건널 때 조심하라는 것입니다. 다시 말해 모든 일에 있어서 서두르지 말고 안전에 유의하라는 뜻입니다.

질문기법에 기반을 둔 개방형 질문은 자신의 내면의 마음 상태를 되돌아보고, 생각과 동기를 바꾸었을 때 생활이 어떻게 달라지는지 깊이 생각해보라는 뜻입니다. 질문에 질문을 거듭하면 깊이 있는 생각을 하게 되고, 더 신중하고 조심스러운 결정을 내릴 수 있기 때문입니다.

또한 질문기법에는 순환질문, 반사질문, 전략질문의 3가지 유형이 있습니다. 순환질문은 사건이나 대상에 관한 비교와 차이에 관해서 질문하고 답을 찾도록 하는 기법입니다. 반사질문은 현재 자신이 지각하고 있는 것 혹은 자신의 행동의 의미에 관해 생각하도록 요청하고, 그 대안을 찾아보도록 하는 질문기법입니다. 마지막으로 전략질문은 개인과 가족에게 내면과 외현적으로 가장 영향을 많이 미칠 것 같은 사람이 누구인지 물어보는 기법입니다.

확신감을 갖기 위한 방법

자기가 원하는 것에 관해 명확하게 알고 실행할 수 있다면 정말 행복할 것입니다. 이를 위해서 우리는 외부의 영향이나 방해를 받지 않고 순수하게 스스로 결정할 수 있어야 합니다. 자신의 결정에 타인의 시선이나 의견을 중요하게 생각하기보다 자기 확신을 갖고 스스로 결정을 내릴 수 있어야 합니다.

자기 확신이 강해지려면 그만큼 많은 사람과 대상을 이해해야 하고, 다양한 경험이 뒷받침되어야 합니다. 왜냐하면 자기 확신에는 그 이유가 필요하기 때문입니다.

자기 확신에는 확신할 만한 이유가 있어야 합니다. "무엇 때문에 이렇게 결정하게 되었나?"에 관한 답을 자기 내면에서 찾아 스스로 말할 수 있어야 합니다. 이 답은 누군가를 설득시키기 위해서가 아닙니다. 스스로가 이러한 질문에 납득 가능한 근거를 토대로 답할 수 있어야 합니다. 즉 거짓이 아닌 사실에 기초한 근거가 필요합니다.

이러한 자기 확신이 생기기까지는 어쩌면 긴 시간이 필요할 수도 있습니다. 그러나 긴 시간을 소요한다고 해서 모두가 자기에 관한 확신을 갖는 것은 아닌데요. 왜냐하면 자신에 관해 이해는 능력이나 경험이 부족하기 때문에 자기 확신이 생기지 않는 경우도 있기 때문입니다.

자신을 이해하는데 필요한 수많은 지식과 경험이 생겼을 때 확고한 자기 확신도 생기고, 그러한 지식과 경험이 기반이 되어 자신감이 생길 것입니다. 이러한 자기 확신은 삶을 살아가는 데 열정을 주고, 당당하고 낙관적인 생각을 지속하도록 길을 열어줄 것입니다.

삶을 계획하는 전략

설정한 목표를 수행해 낼 때 즐거움을 느끼고,
점차 성장하는 자신의 모습을 발견할 수 있습니다.

과제 설정하기 기법, 계획이란 무엇인가?

우리는 일생을 살아가며 수많은 목표와 계획을 세우고 살아갑니다. 한 해를 시작하거나 새로운 학기를 시작할 때처럼 보통 새로운 시작점에서 목표와 계획을 수립합니다. 아침에 눈을 뜨며 하루의 계획을 세우기도 하고, 하루를 마무리하며 내일의 계획을 세우기도 합니다.

아들러는 계획에 관해서 우리를 목표 지향적으로 행동하게 하고, 그 행동을 이끌어내는 실체적인 힘이 있다고 설명했습니다. 아들러는 목표 지향적인 인간에 관해 자신의 삶을 스스로 이끌어 나갈 수 있고, 선택을 할 수 있으며, 결정할 수 있다고 설명했습니다.

이러한 계획과 함께 평소에 어렵고 힘들다고 생각한 과제를 과감하게 설정해 자신의 삶을 뒤돌아보는 기회를 가져보는 것이 필요한데요. 그러한 기회는 자신이 생각하고 있는 것을 행동으로 실천할 수 있도록 해주고, 긍정적인 생각틀을 만들게 합니다. 이러한 생각틀을 형성하는 방법이 바로 '과제 설정하기 기법'입니다.

아들러식 코칭기법 중 과제 설정하기 기법은 개인에게 과제를 설정하도록 하는 방법입니다. 과제란 개인의 변화를 이끌어내기 위해 설정한 현실적이고 이익이 따르는 일련의 과업입니다. 개인에게 있어 계획하기란 친구를 만나거나, 열심히 일하거나, 책을 읽거나, 그밖에 다른 무엇인가를 하도록 요청하는 것을 뜻합니다. 코칭에서 보면, 조금은 위험을 감수하는 행동을 하도록 요청하기도 합니다. 요청한 과제를 잘 완수하고 개인의 기대와 불안을 논의하는 것은 유익하며 격려가 됩니다.

이러한 계획에는 바람직한 행동, 목표를 설정해 꾸준히 반복, 실천하는 것이 중요합니다. 목표는 정해진 시간 안에 성취할 수 있는 것으로 계획해 성공감을 느끼게 해야 하고, 그러한 경험이 이후에 자신감을 갖고 새로운 계획을 수립할 수 있게 합니다. 이러한 이점을 우리가 알고 있음에도 불구하고 목표를 잘 달성하지 못하는 이유는 목표를 설정하고 잘 다루지 못해서입니다.

목표를 설정하는 것만큼 중요한 것이 바로 목표를 달성하기 위해 목표를 잘 확인하고 다루는 것입니다. 이를 위해서는 피드백을 활용하면 좋습니다. 중간중간 계획에 따라 잘 수행되고 있는지를 확인할 수 있다면 일상의 지루함과 안일함도 줄어들 것입니다. 이와 함께 자신에 관한 자긍심, 만족감, 유능감 등을 경험하게 될 것입니다.

이처럼 과제 설정과 이행은 우리가 달성하려는 목적을 향해 시도하는 기법입니다. 과제 설정하기에는 행동을 구체적으로 변화시키려는 목적이 담겨 있습니다. 과제는 분명한 변화를 목적으로 시행하려는 경우에 설정하는 것입니다. 구체적인 행동의 단계를 하나하나 세워야 합니다. 이때 과제는 현실적으로 실천할 수 있거나 성취할 수 있는 목표를 뜻합니다. 즉 실천가능하고 가급적 짧은 기간에 성취해 개인이 성취감을 경험할 수 있게 하는 것이 바람직합니다.

목표 계획하기와 동기부여

목표를 설정하는 일은 일상에서 단기간에 수행할 수 있는, 그러면서도 충분히 달성 가능한 일에서 출발해야 합니다. 즉 자신감과 성공감을 느끼도록 하는 것에서부터 시작하는 것이 중요합니다. 수행과정에서 즐거움을 찾아야 하고, 목표를 달성하기 위한 전략도 세워야 합니다. 어느 정도 적응되면 점차적으로 장기간의 목표나 조금은 달성하기 어려운 과업으로 옮겨가면서 자신의 내면의 힘을 키워야 합니다.

과제 설정하기와 as if 기법은 미래의 행동이나 목표를 설정한다는 공통점을 가지고 있습니다. as if 기법과 다른 점은 과제 설정하기 기법이 구체적인 목표를 위한 노력을 계속적으로 반복, 실천할 수 있도록 여건을 조성한다는 점입니다. 결과적으로 과제를 수행한다는 것은 그 과정으로부터 자신감을 얻고 결과를 통해 성취감을 얻어 스스로 성장하는 데 의의가 있습니다. 즉, 동기부여를 한다는 뜻입니다.

모든 것에 단계가 있듯이 과제 설정하기 기법도 그 단계가 있습니다. 처음에는 상대적으로 성취하기 쉬운 단계의 과제를 설정해 성취감을 느껴야 합니다. 그래야 이후에 다른 문제에 직면했을 때 이전 과제를 잘 완수했던 기억이 긍정적으로 작용해 자신감 있게 해결하는 원동력으로 작용할 것입니다. 반복적으로 과제를 설정하고 꾸준하게 성공할 수 있다면 자신감은 높아질 것입니다. “백문이 불여일견”이라는 말이 있듯이 실제로 성취감을 몸소 경험했기 때문에 다른 방법보다 도움이 될 것입니다.

꿈에 날짜를 붙이면 목표가 됩니다. 목표를 시간으로 쪼개면 계획이 되고, 꿈은 그 계획을 실행했을 때 현실이 될 수 있습니다. “산을 옮기는 사람은 돌멩이부터 옮긴다.”라는 중국 속담이 있습니다. 지금의 성공은 지난날 치근차근 옮긴 돌멩이의 결과임을 명심해야 합니다.

역설의 힘

날마다 하루를 되돌아보며 오늘의 감정을 되짚어보면,
스스로 자신의 행동을 반성할 수 있는 기회가 생깁니다

역설기법, 문제 깨닫기

우리는 저마다 문제가 있는, 즉 단점으로 불릴 만한 행동 하나 정도는 가지고 있습니다. 이를 잘 알고 있는 사람이 있는 반면 깨닫지 못하는 사람도 있고, 알고 있지만 고치지 못하고 계속 반복하는 사람도 있습니다. 이러한 일들이 악순환처럼 반복되면 상당한 고충으로 이어지게 되는데요. 그렇기에 자신이 가진 문제를 정확히 알아차리는 게 중요합니다.

자신의 문제를 깨닫게 하는 방법에는 '역설기법'이 있습니다. 역설paradox이란 깊이 생각하지 않고 바라보면 일리가 있는 것처럼 보이지만 분명히 모순되어 있거나 잘못된 결론을 이끌어내는 논증이나 사고를 뜻합니다.

아들러식 코칭기법 중 역설기법은 개인으로 하여금 문제가 있거나 바꾸고 싶은 행동을 의도적으로 반복하게 해서 그 행동을 제거하거나 벗어날 수 있도록 하는 기법입니다. 바꾸고 싶은 행동을 의도적으로 해보도록 하는 것이 핵심이죠.

예를 들어 손톱을 물어뜯고 있는 사람에게 뜯을 수 있는 나머지 손톱도 있으니 더 뜯으라고 말하거나, 수학 숙제를 하기 싫어하는 학생에게 수학 숙제를 하지 말라고 하며 다른 숙제도 아예 하지 말라고 말하는 것이 예가 됩니다. 이처럼 역설적으로 상황에 관한 현실과 행동 결과를 수용하도록 만드는 기법입니다.

행동뿐만 아니라 인지적인 측면에도 적용할 수 있는데요. 역설기법을 통해 특정 상황에서 자신이 어떻게 행동하고 있는가를 극적으로 깨닫게 되고, 그런 행동의 결과에 책임이 나 자신에게 있다는 것을 알아차리게 됩니다.

사람은 누구나 세상을 바라보는 자신만의 관점이 있습니다. 이러한 관점을 가치관이라고 부르기도하고, 고집이나 개성이라고도 부릅니다. 세상을 바라보는 자신만의 일관적인 시선은 그 사람의 정체성을 보여주는 것이고, 자신만의 삶을 개척해나가는 데 있어서 중요한 우선 과제이기도 합니다. 그러나 세상을 하나의 시선으로만 바라보는 것이 언제나 반드시 좋은 것은 아닐 것입니다. 그렇기에 우리에게 여러 생각을 가능하게 만드는 유연한 사고가 필요합니다.

부정을 긍정으로, 역설적 생각

일상에서 자신의 특정 행동이 적절치 않다는 것을 깨닫고, 그 행동의 빈도를 낮추고 싶다면 아들러의 역설기법이 좋은 대안이 될 것입니다. 역설적으로 생각하기 위해서는 먼저 문제가 되는 해당 행동에 관해 스스로가 정확하게 알고 있어야 합니다. 즉 직면하는 것이 필요합니다. 문제를 바르게 인식하는 것이 언제나 중요한 출발점입니다. 자신이 무엇을 바꾸어야 하는지 확실히 알아야 평소에도 의식할 수 있기 때문입니다.

일정 시간 평소처럼 행동하거나 더 과장되게 행동하되 문제 행동에 집중해 시간을 보낸 후 하루를 돌아보며 당일의 감정을 되짚어보는 습관을 들이도록 합니다. 이러한 습관은 마음챙김과 같은 방법을 통해서도 가능한데요. 정상적인 일상생활과 문제점과의 괴리감을 느끼며 스스로 자신의 행동을 고칠 필요성을 깨닫게 하는 것이 필요합니다. 잘못된 습관에서 벗어나기 위해서는 타인의 도움보다 자신 스스로가 문제점을 인식하는 것이 중요합니다. 결국 개인의 사고, 감정, 행동을 바람직한 방향으로 변화시킨다는 것은 비합리적인 사고를 합리적인 사고로, 부적절한 감정을 적절한 감정으로, 자기파괴적인 행동을 건설적인 행동으로 변화시킨다는 뜻입니다. 그렇기에 이러한 변화는 부정적인 것에서 긍정적인 것으로의 변화를 말합니다.

부정적인 정도가 심한 것에서 약한 것으로 변화하는 것도 물론 의미 있는 일입니다. 그러나 궁극적으로 변한다는 것은 부정적인 것에서 긍정적인 것으로의 변화를 뜻합니다. 이렇게 부정에서 긍정으로 변하기 위해서는 현재의 의도와는 다른 상반된 행동을 해야 합니다.

현재 자신의 의도가 부정인지 긍정인지를 살펴봐야 합니다. 지금의 의도가 부정적이라면 이로 인해서 문제가 발생하게 되는 것이고, 의도와 상반되는 행동을 하지 않으면 쉽게 바꿀 수 없습니다. 물론 역설적으로 생각하는 건 쉬운 일이 아닙니다. 역설기법을 통해 하지 않으려는 생각을 더 하도록 하고, 느끼지 않으려는 감정을 더 느끼도록 하며, 하지 않으려는 행동을 더 하도록 하면 이전과는 다른 생각과 감정, 그리고 행동이 유발될 것입니다.

삶을 부정에서 긍정으로 변화시키는 일은 말처럼 쉽지 않은데요. 그러나 무엇이든 사소한 생각에서부터 변화시키려는 그 노력에 관한 변화의 첫걸음이 중요합니다.

지금
경험하고 있는 것

내가 지금 무엇을 경험하는지, 내가 느끼는 감정이
무엇인지 아는 것이 내 삶의 주인이 되는 첫걸음입니다.

단추누르기 기법, 지금 내가 느끼는 감정은?

사람들은 종종 자신의 감정을 통제할 수 있다고 생각하는 경우가 있습니다. 그러나 감정을 표현할 수 있는 단어가 많음에도 불구하고 내가 느끼는 감정에 관해 생각하는 순간 혼란에 빠져 표현하기가 어려울 때가 있습니다. 지금 이 순간에도 느끼고 있는 감정이 어떤 것이냐 묻는다면 답하기까지 많은 시간이 걸릴 수도 있습니다.

일상생활에서 일어나는 크고 작은 일에 관해 무엇을 경험하고 있는지 의식적으로 생각하려는 사람은 많지 않습니다.

그렇기에 즐거웠던 경험, 당혹스러웠던 경험, 불쾌했던 경험 등을 의식 수준으로 떠올려서 자신의 기억을 되짚어보는 노력이 필요합니다.

아들러식 코칭기법 중 '단추누르기 기법'은 "나는 내 느낌을 변화시킬 수 없어.", "그것은 나의 잘못이 아니야.", "나는 어쩔 수 없었어."와 같은 반응에서 부정적이거나 긍정적인 감정을 일으켰던 상황을 떠올려보게 함으로써 개인이 자신이 느꼈던 감정을 선택해 경험할 수 있게 하는 것입니다.

아들러는 인간을 운명의 희생자가 아니라 운명의 주인이자 주인공이라고 설명했습니다. 단추누르기 기법을 통해 자신이 느꼈던 감정 또한 스스로 선택해 경험할 수 있다는 뜻입니다. 결국 지금 느끼고 있는 감정은 내가 스스로 만들어 낸 것이기 때문입니다.

부정적인 감정을 일으켰던 상황을 떠올려보면 그것을 왜 부정적이라고 생각하는지는 알게 될 것입니다. 왜냐하면 그것 또한 자신이 만든 것이기 때문입니다. 그래서 자신에게 짜증나고 화나는 일이 일어나더라도 그것을 별거 아니라고 생각하고 문제가 잘 풀릴 수 있다고 긍정적으로 생각하면 그런 방향으로 생각을 바꿀 수 있습니다.

아들러식 코칭기법 중 단추누르기 기법은 자신의 감정에 관해 스스로 선택할 수 있는 것이고, '부정 단추'를 누르면 부정적인 감정이 되는 것이며, '긍정 단추'를 누르면 긍정적인 감정이 되는 것을 뜻합니다. 할 일이 많아 피곤하지만 자신이 선택한 것은 나만이 누릴 수 있는 특권이라고 생각할 수 있다면 방금 전까지 피곤하고 힘들었던 마음이 누그러들고, 열심히 할 수 있다는 긍정적인 감정이 생길 것입니다.

생각과 마음가짐 그리고 행복

생각과 감정은 조절할 수 있습니다. 그러나 이러한 조절이 가능하기 위해서는 조절할 대상에 관해 일정 수준 이상의 사고 능력과 통찰이 바탕이 되어야 합니다. 그러나 우리는 감정 그 자체에 관해서 생각해본 적이 많지 않기 때문에 감정의 경험을 이해하지 못해 힘들어하는 경우가 많습니다.

지금 느끼는 감정은 우리가 무엇을 생각하는가에 따라 달라집니다. 내가 지금 즐거운 생각을 하고 있다면 즐거운 감정을 느낄 것이고, 불쾌한 생각을 하고 있다면 불쾌한 감정을 느낄 것입니다. 마찬가지로 우울이나 다른 감정들 역시 무엇을 생각하고 있느냐에 따라 결정될 것입니다.

단추누르기 기법은 개인이 유쾌한 경험과 그렇지 않은 경험을 번갈아 생각하도록 하고, 그 각각의 경험과 관련 있는 감정에 관심 갖게 만듭니다. 만약 자신이 여러 단추 중에서 행복 단추를 누르면 행복한 생각을 하면서 행복한 감정을 느낄 것이고, 우울 단추를 누른다면 우울한 생각을 하면서 우울한 감정을 느낄 것입니다.

이러한 방식으로 언제라도 자신이 원할 때 그것을 바꿀 수 있고, 내 감정과 경험을 스스로 정할 수 있습니다. 결국 나의 경험은 내가 어떤 단추를 누르는지에 따라서 내 생각과 마음가짐에 따라 행복해질 수도 있고 불행해질 수도 있는 것입니다.

우리는 우울한 감정의 희생자가 절대 아닙니다. 우울한 감정에서 충분히 벗어날 수 있습니다. 우울한 감정을 다가오게 할 수도 있고, 멀리 보낼 수도 있다는 말인데요. 단지 무엇을 생각할 것인지 결정함으로써 우울에 갇혀 지내거나 반대로 우울에서 벗어날 수도 있습니다. 또한 절망스럽거나 무기력하지도 않습니다. 언제든 원한다면 바꿀 수 있습니다.

'impossible'은 '불가능한'이라는 뜻이지만 'I'm possible'로 달리 생각할 수도 있습니다. '나는 충분히 가능하다.'가 되는 것처럼 우리의 결정에 따라 생각과 감정이 변할 수 있음을 명심해야 합니다. 어떤 단추를 누르느냐에 따라서 나 자신이 부정적인 모습이 되거나 행복한 모습이 되기 때문입니다.

나를
일으키는 한마디 격려

고난을 수용하고 용기를 끌어 올릴 수 있다면
마침내 스스로 난관을 극복해 낼 수 있습니다.

격려하기, 난관을 극복할 수 있는 힘

인생은 행복과 불행이 반복되는 것으로 오로지 행복한 삶만을 기대한다는 것은 잘못된 착각입니다. 우리는 살아가며 실패와 좌절을 경험합니다. 실패한 순간이 마치 현재의 전부처럼 느껴져 삶에 관해 비관적인 생각을 하거나 삶의 의미를 재해석하는 과정을 반복하는 경우가 부지기수입니다. 언제나 자신에게 난관과 역경이 닥칠 수 있음을 알고 대비해야 합니다. 이를 위해서 우리 주변의 좋은 사람을 통해 그들과 더불어 역경과 난관을 대비해야 합니다.

아들러식 코칭기법 중 '격려하기'는 어려움에 처한 사람에게 현재의 상황을 수용하게 하고, 현재의 난관을 극복할 수 있는 용기를 북돋아 주는 것인데요. 어려운 상황에서 극복할 수 있는 힘이자 용기가 필요합니다. 격려encouragement는 자신의 결점을 확인하고 받아들이며, 위험한 상황에서도 잘 극복할 수 있도록 돕는 힘이자 용기입니다.

자신에게 문제가 있다는 사실을 받아들이기까지 많은 혼란을 야기하고 자괴감에 빠지기도 하겠지만, 어려움을 극복하기 위해서 우선적으로 해야 하는 일은 현재의 상황을 수용하는 것입니다. 자신의 결점을 받아들이는 것, 갖고 있는 능력을 발휘하는 것, 최선을 다해 노력하는 것, 실패하더라도 크게 좌절하지 않고 또다시 시도할 수 있는 용기를 갖는 것이 수용의 대상입니다. 현재 상황을 수용하고 인정해야 다음으로 나아갈 수 있고, 그것이 바로 극복의 시작이 됩니다.

현재 상황을 수용하면 자신을 격려할 수 있는 여유와 힘이 생깁니다. 뿐만 아니라 스스로 자신의 문제를 해결하고자 하는 용기를 가질 수 있게 됩니다. 자신을 향한 여유, 힘, 용기가 생기면 문제점을 해결하고 변화를 이끌어낼 수 있기에 문제를 잘 극복할 수 있습니다.

격려, 용기와 극복의 힘

사람은 혼자서 살아갈 수 없는 존재로, 주변 사람의 지지와 격려를 받으며 살고 있습니다. 즉 격려를 통해서 타인과의 도움 관계를 형성해야 합니다. 특히 확신을 갖고 해결책을 찾으려는 행동을 하도록 도움을 주는 것과 어떤 곤경에 관해서 대처할 수 있도록 힘을 주는 것이 필요합니다.

격려는 우리 내면에 있는 자원을 개발할 수 있도록 촉진하는 힘이 됩니다. 격려는 긍정적인 방향으로 나아갈 수 있는 힘을 북돋아 주기 위한 필수요소이기도 합니다. 또한 격려는 우리가 처해 있는 곤란한 상황 · 패배 · 과제에 관해 성공적으로 대처하는 데 필요한 신념과 자신감을 개발하는 과정에 중요한 역할을 합니다.

우리는 누구나 살아가면서 한 번쯤 고난을 겪기도 하는데요. 어떤 사건을 겪었는지에 초점을 맞추기보다는 그 상황을 어떻게 이겨낼 것인지, 어떻게 이해하고 수용할 것인지에 초점을 맞추는 것이 중요합니다. 스스로에게 용기를 줄 수 있어야 합니다.

용기를 주기 위해 단순하게 "할 수 있어!", "다 괜찮을 거야!" 등의 생각과 말만으로는 적절한 도움이 되지 않습니다. 내가 지금의 상황을 이겨내기 위해 했던 노력을 찾아서 세부적인 부분을 강조해 생각하고 인정하면 충분히 용기를 갖게 될 것입니다. 특히 고난을 극복하는 과정 중 실수할 수 있는데, 그 실수 또한 중요한 것임을 인정하고 받아들일 때 용기를 얻게 됩니다.

관계회복을 원하다면 격려를 사용하는 것이 중요합니다. 따뜻한 말 한마디에 냉냉한 관계를 회복할 수 있듯이 격려는 지금 현재 닥친 어려운 난관을 극복할 수 있도록 도와줄 것입니다. "그럴 줄 알았어."라고 단정지어 말하거나 비난하고 부정하기보다는 상대를 충분히 이해하고 인정할 수 있는 격려가 필요합니다. 그렇기에 격려는 자신과 관계 모두에서 진정한 변화와 성장을 가져올 수 있습니다.

자신에게나 관계에서 결과에 관해 "잘했어.", "잘하는구나."와 같은 외적인 칭찬과 격려보다는 스스로 느낄 수 있는 성취감이나 만족감을 증진시켜줄 수 있도록 과정 중심의 격려를 해야 하는데요. 과정 중심의 격려는 진정한 변화와 성장하게 만들기 때문입니다.

우리는 지금의 고난을 충분히 이겨낼 수 있고, 극복 가능하다고 격려해야 할 필요가 있습니다. 격려는 극복할 수 있는 용기와 힘을 내도록 만들 것이고, 결국 닥친 어려운 난관을 극복해낼 것입니다. 이러한 긍정적인 경험은 희망으로 다가와 우리의 삶을 더욱 행복하게 그리고 미래지향적으로 만들 것입니다.

우리는 변화를 원한다

2021년 4월 22일 1판 1쇄 인쇄
2021년 4월 23일 1판 1쇄 발행

저 자 : 박준성. 소용준
발행자 : 김 재 호
발행처 : 휴 먼 북 스

서울시 중랑구 숙선옹주로 91, 411-1201
전화 070-8614-6569 / 팩스 070-8614-6569
e-mail : tytyp1@naver.com
등 록 : 2018년 9월 13일 제 2018-25 호

정 가 : 16,800원
ISBN)9791190177245(93180)